未来领袖摇篮
系列丛书

WEILAI
LINGXIUYAOLAN

ROYAL MILITARY
ACADEMY SANDHURST

王新龙｜编著

桑赫斯特皇家军事学院
参谋聚集地

ROYAL MILITARY ACADEMY SANDHURST
Gathering The Advisers

中国出版集团
现代出版社

图书在版编目(CIP)数据

参谋聚集地：桑赫斯特皇家军事学院 / 王新龙编著. —北京：现代出版社，2013.2(2021.8重印)

(未来领袖摇篮)

ISBN 978-7-5143-1390-1

Ⅰ.①参… Ⅱ.①王… Ⅲ.①军事院校—英国—青年读物②军事院校—英国—少年读物 Ⅳ.①E561.3-49

中国版本图书馆CIP数据核字(2013)第026507号

编　著	王新龙
责任编辑	李　鹏
出版发行	现代出版社
通讯地址	北京市安定门外安华里504号
邮政编码	100011
电　话	010-64267325 64245264(传真)
网　址	www.xdcbs.com
电子邮箱	xiandai@cnpitc.com.cn
印　刷	北京兴星伟业印刷有限公司
开　本	700mm×1000mm 1/16
印　张	12
版　次	2013年2月第1版　2021年8月第3次印刷
书　号	ISBN 978-7-5143-1390-1
定　价	32.00元

前 言
QIAN　　　YAN

　　如今已步入不惑之年，记忆中的一些事情好多都已如烟消云散，不过有一个问题始终萦绕心头，我高中毕业的时候，家里的生活非常艰难，父母为什么还让我读完大学呢？这个问题困扰我已经20年了。终于有一天，我明白了，父母想让我换一种生活方式；他们不希望我沿着他们的生活轨迹前行！

　　古人说："行万里路，读万卷书。"这句话实在深刻！对现代人而言，行万里路易，读万卷书难。科技的车轮正以惊人的速度滚滚向前，终日在电脑和千奇百怪的机器前忙碌的现代人，用电线、光缆、轨道和航线把地球变成一个村落，点击鼠标，我们可以在世界的任何一个角落把自己随意粘贴。好多人已经认为读书没什么用！读书是在浪费生命。于是，面对现代文明，缺少了读大学修炼的底蕴。我们频繁遭遇对面相逢不相识的尴尬，不断地积聚那些源自心底的陌生。为此，我们渴望一种深层的理解，渴望一种心灵的历练，以让脚步和心灵能够行得更远。

　　大学有着上千年文化的厚厚沉积，大学有着上千年文明的跌宕起伏，大学有着上千年社会的沧桑巨变，这足以让你惊叹，让你震撼。大学给你的感觉是那样空灵，那样清新，那样恬静。追昔抚今，历史的长廊仿佛就在眼前。生命却耐不住"逝者如斯夫"的侵蚀，大学生活也是必需的人生

经历。大学的魅力，与其耳闻，不如亲见。大学生活可以弥补我们时间的缺失，增值属于我们的光阴；大学可以把智慧集腋成裘，让我们的生命成就高品质的价值。

在任何一个团体中，总有某一个人充当着核心的角色，他的言行能够被团体认可，并指引着团体的某一些决策和行动。我们可以把这种人所具备的人格魅力称为"领袖气质"。环境是一种氛围，一种智慧，一种"隐性课程"。我国古代有"孟母三迁"的故事，说明环境对人才成长的重要性。

在良好的教育环境中，人才更能轻松愉快、自由主动地去发现、思考和探索，从中获得知识经验，在情感、信念、意志、行为和价值观等方面得到潜移默化的熏陶；成长环境有助于显示今天的行动与明天的结果之间存在的永久联系。在这里，曾经出现过无数的政治、经济、军事、文化等各个行业的领军人物。他们用行动证明：最具实力、特点的学府，才能真正缔造别具一格的人才。

本丛书选了最具代表性的世界名校20所。通过对这些名校的概况、教学特点、培养的名人等的介绍，意在深度挖掘人才成功之路上不为人知的细节，同时剖析名校培养人才的根本原因所在，是一部您一定要读的人生枕边书。

尽管我们付出了诸多辛苦，然而由于时间紧迫和能力所限，书稿错讹之处在所难免。敬请各方面的专家学者和广大读者批评指正。我们不胜感激！

编者

2012年11月

目　录

开　篇　大学是未来领袖的摇篮

> 大学,是社会的良心,是天才的渊薮,是文化与思想的栖息地,也是每一个青少年成为未来领袖的摇篮。每所大学都有独特的文化和性格。一所大学能反映一个城市甚至一个国家的精神气质。大学是今天与未来的桥梁,认识一所大学,可以树立一个梦想;树立一个梦想,可以创造一个人生。

第一章　认识桑赫斯特皇家军事学院

> 桑赫斯特皇家军事学院是英国陆军军官的摇篮,从这里毕业的学生,有的在战场上建立了显赫的战绩,有的为捍卫国家荣誉勇敢献身,有的在国家军政部门担任要职,有的在其他领域作出显赫功绩。

第二章　军事领导者培养模式

当年轻军官晋升为上尉、少校或更高军衔时,他们将接受进一步的培训,内容不仅包括军事技能,还包括植根于桑赫斯特的核心价值观。除了基本的军事训练课程外,学校还非常重视通过丰富多彩的课外活动,促进学员非智力因素的发展。

第三章　桑赫斯特的军人精神

职责、才能、责任,这是桑赫斯特皇家军事学院的军人精神,也是办校宗旨。桑赫斯特皇家军事学院要求军官学员全面了解自己所从事的职业及担负的职责,要有基本的领导和管理才能、纪律观念和责任感。

第四章　教育影响与合作交流

> 桑赫斯特皇家军事学院虽然培育的是初级指挥人员，但它对英国军队和社会的影响同样是巨大的。近年来，桑赫斯特军事学院积极对外合作交流，学校接受中国、巴基斯坦、印度等数十个国家的军官前往培训学习。

第五章　军事领袖的摇篮

> 据官方统计，现在英国陆军中80%的军官是由桑赫斯特军事学院培训的。历史上，英国军队陆军参谋长多是由该校毕业生担任。其中，前英国首相丘吉尔以及蒙哥马利、罗伯茨、亚历山大等10多名陆军元帅都是从这里走出来的。

开　篇　大学是未来领袖的摇篮

　　大学,是社会的良心,是天才的渊薮,是文化与思想的栖息地,也是每一个青少年成为未来领袖的摇篮。每所大学都有独特的文化和性格。一所大学能反映一个城市甚至一个国家的精神气质。大学是今天与未来的桥梁,认识一所大学,可以树立一个梦想;树立一个梦想,可以创造一个人生。

领袖是怎样炼成的

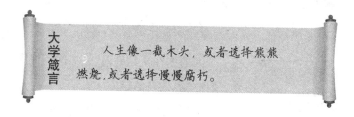

大学箴言　人生像一截木头，或者选择熊熊燃烧，或者选择慢慢腐朽。

做一个出类拔萃的领袖

要想真正成为一名出类拔萃的领袖，必须在工作、生活各个方面具备过硬的素质。从某种意义上说，领袖必须成为人民的理想楷模。这不仅是指通常所理解的"德"，而且也是指同样重要的"智"。一个真正的领袖必须拥有远大的抱负，拥有异于常人的智慧，超常的适应能力，服务大众的态度和引导舆论的能力。

一个好领袖必是一个好的聆听者，并掌握与人沟通、表情达意的技巧。他充满自信，具有很强的分析能力，亦必毅力过人，并能不断自省以求进。英国首相温斯顿·丘吉尔说过："成功不是终点，失败也并非末日。最重要的是具备勇气，一直前行。"当一个人为实现梦想苦苦追寻的时候，需要这样一种意志和品格。

坚持，是一种信念。无论在国内，还是在国外，要获得最美丽的人生，

要实现自己最大的价值,要能够对社会、对他人有所回报,就要坚持自己的目标和梦想。

坚持,是一种过程。这个世界上,天上掉馅饼的事儿几乎为零,或者没有什么事情是一蹴而就的。在梦想实现之前,需要耐得住寂寞、孤独和暂时的不成功。

坚持,是一种生活方式。学习也好,工作也好,生活也好,都需要用一种坚持的态度去完成。这种生活方式可以磨练自己的意志力。坚持住人生信念,没有什么困难是不可以克服的。

做富有文化底蕴的智者

一个优秀的领袖必然有着深厚的文化底蕴,其实也就是文气。文气是指一个人的内在文化底蕴、外在儒雅气质、文化修养、精神境界的自然显露。大学是保存知识、传播知识、创造知识的殿堂,是培养人才的摇篮,是先进文化的策源地和辐射源。大学领导者作为知识

【领袖语录】

　　读书时不可有己见;读书后不可无己见。

分子的领袖、楷模和标尺,如果自身没有知识、没有文化、没有学问,即没有所谓的"文气",就不会得到师生的尊重、敬仰和爱戴,就很难引领大学的发展。

修炼文气,须多读书,成为大学者。"腹有诗书气自华"。要养成儒雅的文气,就必须博学多识,不仅学习教育学、心理学、管理学、领导学、经济学等知识,还要多读经典古文、传统诗词、名家名篇,广泛涉猎经济、政治、文化、社会等各方面,学贯中西、通晓古今,努力成为著名学者。纵观做出卓著成绩的校长,他们都是某个学科领域的专家,同时也对人文社会科学知识有深厚的积淀。如北京大学原校长蔡元培是哲学家、美学家,还通晓教育学、心理学、生理学,堪称大学问家。

修炼文气,须多思考,成为思想家。文气的养成是为了提高个人素养,促进工作实践,而思考是学习与行动的桥梁,"学而不思则罔"。思考形成思维,思维产生观念,观念形成思想,思想决定行动。因此,大学领导者必

须学会思考,并多思考。要明了大学的性质,知晓大学的历史,把握大学面对的环境和拥有的资源,把文气的养成与改造思想结合起来,与指导实践结合起来,与解决实际问题结合起来。历史证明,成功的大学领导者,一般都是深邃的思考者。譬如,哈佛大学校长博克曾著《超越象牙塔》,指出现代大学不能回避为社会的进步和国家的利益服务;芝加哥大学校长赫钦斯曾著书《高深学问》,反对功利主义,倡导博雅教育;耶鲁大学校长吉亚麦提曾著《大学和公众利益》,探讨大学的性质和在社会中的作用;加州大学校长克尔曾著《大学的功用》,提出了巨型大学的概念。由于他们对大学有深入的思考,不随波逐流,从而把大学办出了特色,推上了新台阶。

修炼文气,须多谋划,成为谋略家。大学领导者是学校的规划设计者,历史上有卓越成就的大学领导者都是优秀的谋略大师。卡迪夫大学前任校长史密斯爵士曾说过,作为领导者,他必须将四分之三的时间花在思考学校方向和战略上,他认为,"校长就是要将自己的办学战略和价值理念传播出去,让学校所有员工接受,然后选择合适的人去实现这些策略。"中国的大学校长都曾经或正在谋划制定"大学发展战略规划、大学学科和师资队伍建设规划、大学校园发展规划",引领大学的发展和振兴。事实证明,大学领导者只有经常围绕"建设一个什么样的大学,怎样建设这样的大学"的问题潜心思考,精心谋划,才能认准大学发展的根本方向,不至于随着各种思潮的冲击而左右摇摆。

【领袖语录】

所谓年轻的心,就是总有一扇门敞开着,等待未来闯进。

浩然正气的力量

一个优秀的领袖还必须有正气。孟子曰:"吾善养吾浩然之气。"文天祥说:"天地有正气,杂然赋流形。下则为河岳,上则为日星。于人曰浩然,沛乎塞苍冥。"对大学领导者来说,正气就是不媚俗,能引领社会发展潮流。

修炼正气,须不媚俗。大学既要防止"滞后于社会"的弊端,但又不简单地"迎合时尚"。这就要求大学领导者的办学理念和行为方式必须因时而变,成为"对现在和未来都会产生影响的一种力量"。但这种适度而明智的变化不是无原则、无限度的,必须是"根据需求、事实和理想所做的变化"。罗伯特·M·赫钦斯在《学习社会》一书中直言不讳地追问:"大学究竟是为社会服务还是批评社会?是依附于社会还是独立于社会?是一面镜子还是一座灯塔?是迎合眼前的实际需要,还是传播及光大高深文化?"这些都需要我们深思。

有几个充分表明大学校长不媚俗的例子:1986年哈佛大学校庆,当时的美国总统里根希望获得哈佛大学名誉博士的称号,但哈佛大学校长德雷克·博克予以拒绝:"里根可以成为美国总统,但他难以获得哈佛的博士学位,因为这是学术称号。"人们称之为"两个President之争"。基辛格从国务卿岗位上卸任并退出政坛后,很想回到哈佛大学工作,但被哈佛大学校长婉言谢绝:"基辛格是个学识渊博的人。如果论私交,我和他的关系也不坏。但我要的是教授,不是不上课的大人物。"1957年北大校长马寅初在最高国务会议上提出他的"新人口论",受到当时权威的批判,但他说:"我决不向专以力压服,不以理说服的那种批判者们投降。"尽管他被迫辞去北京大学校长职务,全国人大常委之职也被罢免,公众的心中却并未消失,马老正直的身影和铿锵之声;历史证明,马寅初不媚俗,不迷信权威,他掌握了真理。

修炼正气,须能引领。大学不应脱离社会、孤芳自赏,而应当"与社会保持接触",并"以自己的实力和声望"对科学和重大而紧迫的社会问题、社会现象进行研究,从而对社会可能采取的行动与对策产生影响。赫钦斯说:"大学是一个瞭望塔。"在改革社会中应发挥积极的作用,成为承担公共服务的必不可少的工具,应不惜一切代价加强各种创造性的活动,引领社会前进。普林斯顿大学原校长弗莱克斯纳认为:大学必须经常给予学生一些东西,这些东西并不是社会所想要的(want),而是社会所需要的(needs)。不管社会如何变化,在任何情况下,大学都有对于知识和思想保存的责任，能不断引领社会发展，而不是一味地适应社会。因此，大学领导者应有能力通过引领大学发展来引领社会发展。

底气是做人之本

一个优秀的领袖还必须有底气。底气是做人之根本、根基、根源。底气足，才有真本钱，才有发言权，才有凝聚力和号召力。底气的表现形式就是说话的分量、

> 【领袖语录】
>
> 不要把知识与智慧混淆，知识告诉你怎样生存，智慧告诉你如何生活。

人格的魅力、个人的影响力，就是群众的归属感、信任感和敬仰感。作为大学领导者，必须要有充足的底气。有了充足的底气，才能确立威信，促进事业的兴旺发达，实现大学的价值。充足的底气需要磨练和积累，需要全身心地培育和修炼。

修炼底气，须立大志。底气源于理想和信念。理想和信念是大学领导者的基本内在修养。大学最根本的社会功能就是储存、创造和传递人类文明。大学要创造新的人类文明就要为了真理而追求真理。追求真理本身就是目的，因此，它天然地反对功利主义。大学还要负载价值，守望社会精神文明，给人类以极大关怀。因此大学领导者要树立追求真理、献身真理的大志向。要坚信我们所从事的事业是正义的事业，是伟大的事业，责任崇高而神圣，任务光荣而艰巨。

修炼底气，须善实践。能力是底气的表现。大学领导者在专业上要做专家，管理上要做行家，必须勤于实践善于实践。以华中科技大学历任领导者为例，他们都是善于实践的典范。朱九思提出"敢于竞争，善于转化"，"科研要走在教学的前面"，大力加强科学研究；杨叔子坚持"高筑墙，广积人"，大力加强师资队伍建设；周济实践"以服务求支持，以贡献求发展"，大力发展社会服务等。正是历届领导者励精图治，实践创新，硬是把一所名不见经传的大学建设成了一所国内外知名的大学。由此可见，大学领导者应该是实践者。他不一定是管理学科的专家，但深谙教育管理之道，善于行政管理，精于用人之道，具有解决和处理各类大学矛盾的能力。

他不一定是专门的政治家，但能够把握大学正确的发展方向，提出适合大学长远发展的办学思想与理念，用先进的办学指导思想推进大学的建设、改革与发展。

修炼底气，须敢成功。成功的大学，领导者会更有底气，有底气的领导者会把大学引向更加成功的境地。正是由于哈佛校长艾略特、劳威尔、柯南特、博克等人成功地将哈佛引向了成功，才使哈佛大学更有了底气；也正是哈佛大学的不断成功，才使哈佛大学的校长更有底气，从而进一步引领大学从胜利走向新的胜利。

大气是一种智慧

一个优秀的领袖还必须有大气。大气，就是大气度、大胸怀、大气魄，大爱心。大学应该有大气。江泽民同志在北大百年校庆时讲："大学，应该是培养和造就高素质的创造性人才的摇篮，应该是认识未知世界、探求客观真理、为人类解决面临的重大课题提供科学依据的前沿，应该是知识创新、推动科学技术成果向现实生产力转化的重要力量，应该是民族优秀文化与世界先进文明成果交流借鉴的桥梁。"完成这一使命，"大学的党委书记和校长，应该成为社会主义政治家、教育家。"因此，大学领导者应该有大气。

修炼大气，须有大视野。大学之大，根本取决于它的两大直接产品：学术和学生，以及铸成这两大产品的模具：学者、学长和学风。因此大学之大，乃在于学术之大、学生之大、学者之大、学长之大、学风之大。大学领导者要有宽广的视野、开放的精神，兼容并蓄，善于从复杂的现象中看到事物运动的基本态势，抓住基本规律，从眼前的利害中超越出来，突破经验的束缚，对社会需求进行全局的、客观的把握，穿透眼前，看到长远。大学发展的历程证明，大学领导者的视野往往决定大学的发展。纽曼的传统大学观把大学看作是"一个居住僧侣的村庄"，弗莱克斯纳的现代大学观把大学看作是一个城镇，而克拉克·克尔的多元化巨型大学观则把大学看作是"一座充满无穷变化的城市"。可见领导者的视野决定大学的视野。哈佛大学校长萨默斯以国际视野改革大学教育，强调哈佛新课程改革要给本科生更多的到国外学习的机会。

修炼大气，须有大胸怀。"一个人胸怀有多大，才能做多大的事业。"大学具有天然的包容性：首先是学科包容。大学包容了传统基础学科，还包容了跨学科、边缘学科和应用学科，甚至为那些已经乏人问津的学科以及尚未获得广泛承认的学科与知识领域留有一席之地。其次是学者包容。大学包容各种各样的学者和学生，甚至为个别行为、个性和思想方法奇特的学者创造宽松环境，使他们按自己的习惯从事活动。再次是学术包容，即包容学术上的各种不同见解。因此，大学领导者在办学理念上，要有开放意识和世界眼光，以昂扬的气势迎接各种挑战，以仁厚的情感容纳学生，以宽容的精神对待学术，以谦虚的心灵接纳新知识；要在选用人才上，有"海纳百川"的大气，以开放的胸怀招揽人才，以宽广的眼光选用人才；在具体工作上，要有团结友爱的胸怀、互以对方为重的风格，要搞五湖四海，不搞小圈子，做到坦坦荡荡、光明磊落，容人、容事、容言。如果说大楼、大师是大学的硬件，大气则是软件，软件与硬件同样重

【领袖语录】
　　气不和时少说话，有言必失；心不顺时莫做事，做事必败。

要。在一定意义上，甚至可以说软件比硬件更重要。1953 年出生的安德鲁·怀尔斯，10 岁时对世界难题费马大定理着了迷，于是立志搞数学。他32 岁成了普林斯顿大学教授后好像突然消失了，学术会议不参加了，论文也没有，有人说他江郎才尽了，有人说应该解聘他，但普林斯顿大学校长不为所动，仍然聘他为教授，表现出了大学的大爱，终于在 9 年后的1994 年，安德鲁·怀尔斯破解了费尔马大定理，轰动世界，也使普林斯顿大学声名远扬。

修炼大气，须有大手笔。有了大手笔，才会有大发展。大手笔，要有大气魄，要有超越、怀疑、批判精神。要超越各种形式的禁锢和守旧观念，挑战各种历史理论和权威，深刻批判与反思，进行前提性追问、主体创造与建构。正是因为洪堡的大手笔才使柏林大学得以振兴，成为研究型大学的

【领袖语录】

遭遇鄙视是因为你对别人有威胁，或者有价值，是值得欣慰的。

楷模，从而使大学具有科学研究的职能；正是范海斯的大手笔，提出"威斯康星州的边界就是威斯康星大学的边界"，才使美国大学得以崛起，从而使社会服务成为大学的第三大职能；也正是蔡元培的大手笔改造旧北京大学，才使北京大学焕发出新的青春活力，成为真正意义上的现代大学。大学领导者要有大手笔，就要敢于有所为，有所不为，有所舍弃，敢于砍掉不适合自己学校发展的东西；有所为，有所先为，有所后为，敢于在自己的位置上创新、创造不可替代的业绩。

锐利的士气

一个优秀的领袖还必须有锐气。《淮南子·时则训》所说的"锐而不挫"，彰显的是不畏困难和挫折的精锐士气。锐气就是要有一股子劲，始终保持一种向上的进取姿态，保持高昂的工作热情和工作韧劲。锐气就是在成绩面前不忘乎所以，在困难面前不灰心丧气，不断适应新形势，研究新情况，解决新问题，做到"苟日新，又日新，日日新"。有锐气，才能有所作为，有所建树。

修炼锐气，须讲批判。大学是知识传递与生产的场所，是新思想的重要发源地。不论是知识的传递与生产，还是真理的探求，都应该建立在大学批判责任基础之上。德国社会学家海因兹·迪特里奇尖锐地指出："今天的大学是一些被阉割了的机构，大学教育脱离大多数人的生活现实，研究质量低下，教育道德沦丧。"作为大学领导者要弘扬大学的批判责任，鼓励和支持大学继续扮演那种绝对真理、社会公正和道德良心守护神的角色。

修炼锐气，须讲创新。加拿大阿尔伯塔大学校长罗德里克·德·弗雷泽认为，大学领导者的主要职责有三项：第一，吸引最好的学生到学校读书；第二，吸引最好的教职员工到学校工作；第三，为教职工、学生提供足够的资源，营造积极的氛围，使师生能够有效地学习、创造性地开展学术与科研工作,保证他们发挥最大潜力。大学要做好这些工作,没有具备创新意识和创新能力的领导者是不行的。创新是大学保持生命力的关键所在。历史证明,不满足于现状,勇于改革和创新是优秀大学领导者共同的特征之一。哈佛大学原校长劳威尔说在他任校长的24年里,有四大创新:一是设立主攻课和基础课制度,二是设立住宿学院制度,三是设立导师制度,四是设立荣誉学位制度。这些都为哈佛大学的进一步发展奠定了基础。

　　修炼锐气,须养个性。牛津大学原校长纽曼是一个有个性的校长。他认为:大学是传播普遍性知识的场所。知识本身即目的。教育是理智的训练。大学是为传授知识而设的,"如果大学是为了研究,我不知道大学为什么要那么多学生"。他的个性造就了牛津大学的辉煌。柏林大学原校长洪堡认为,大学的基本组织原则就是两条:自由和宁静,教师和学生为科学而共处,自由地进行各种学术上的探讨。他的个性使柏林大学很快崛起。威斯康星大学原校长范海斯认为,大学的基本

> **【领袖语录】**
>
> 　　没有人可以打倒你,打倒你的只有你自己。

任务是把学生培养成有知识、能工作的公民;进行科学研究,发展创造新文化、新知识;传播知识,把知识传授给广大民众,使他们能够运用知识解决经济、生产、生活、政治等方面的问题。这种理念引领大学走出了古典大学的围墙,使大学获得了新的生命。曾经被毛泽东评价为"学界泰斗,人世楷模"的蔡元培,不仅提出了"囊括大典、网罗众家,思想自由、兼容并包"的著名办学方针,铸就了"北大精神",更重要的是,他具有"外和内介、守正不阿、勇于任事、敢于负责,宽容大度、民主平等,严于律己、廉洁奉公"的个性,改造北大,铸就了北大的辉煌。

领袖素质

　　远大的理想。纵观历史中的领袖都有远大的抱负,所谓吞吐天地之志。拥有这样的理想才能塑造其人格魅力。人们追随他,绝不仅仅因为他长得帅,而是因为他能带给人们希望,给人们一个远大而美好的憧憬。

大学在青少年成才中的作用

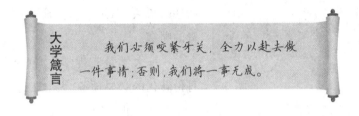

大学箴言　我们必须咬紧牙关，全力以赴去做一件事情；否则，我们将一事无成。

做一个知书达礼的人

大学可以让我们自我发展与完善，大学不仅能帮助学生"读书明理"，更能帮助学生提升修养、品质、智慧。大学教育对于年轻人形成人生观、社会价值观，对于发现和理解生命的意义和人的社会价值有极大的作用。大学是人们的精神家园。

青少年作为明日的社会精英，在大学期间除了读好本科课程外，亦应把握所有机会与同窗多交流，多沟通，以培养人际沟通技巧，学习聆听，也多表达意见。这些同侪间的互动、不断的切磋砥砺，对于培养个人自信心、提高分析和自省能力都有莫大裨益。

大学在现代已经逐渐发展成高等教育系统，由各种类型的高校组成，不同类型的高校的社会职能与社会定位、人才培养目标、对学生的要求、教育教学模式各不相同。就读不同的高校通常与不同的职业生

涯发展有着较为密切的联系。选择大学,应当是个人对大学意义与价值和自身发展设想充分认识基础上的理性判断。从一般意义上讲,今天的大学至少能为学习者提供以下服务。

——大学是探究未知世界的场所。具有好奇心的年轻人与致力于探究未知世界的教师结成共同体,大家志同道合,在满足好奇中推动人的发展和社会发展。这样的职能是其他社会机构无法替代的。

——大学是年轻人交往的地方。大学把四面八方、有着各种文化背景、生活体验与经历的学生汇集起来,让年轻人相互交往并且相互学习,为每一个学习者提供发现不同的交往伙伴的机会。这是一个人成长中极为宝贵的财富。

【领袖语录】

信仰比知识更难动摇;热爱比尊重更难变易;仇恨比厌恶更加持久。

——大学是实现学生身份到工作身份转化的必要预备。大学在帮助学生形成工作所需要的专业能力的同时,还应帮助他们完成"工作准备",形成个人就业的"配置能力"(个人在就业市场上发现机会、自我判断、抓住机会实现就业的能力)。大学对学生在心理、文化、人际交往、专业等方面的训练,正是为了能有这样的"配置能力"。这是推动学生转型为"职业人"的社会化过程。

——大学帮助年轻人获得安身立命的专业能力。高等教育往往决定多数人终身的专业方向和职业领域,它帮助学生形成专业化的劳动能力,在今天这样分工高度专业化的社会,专业教育具有关键作用。

做适应社会需要的人

现代大学将越来越难以提供人们曾经期待的那种"社会地位配置"作用,而"回归"教育机构的本质。所以,大学生要认真把握大学能提供什么和自己需要什么,在大学里努力提升综合素质和专业能力,给自己的未来加注尽可能多的"能源"。

随着世界格局的变化,特别是东西方阵营的瓦解和各国发展模式的调整。原有政治主导或经济主导的状况相应改变。大学的普及成为影响青少年发展的重要因素,也引起青少年组织与社团的高度重视。大学为青少年学习提供动力的同时,为青少年组织与社团开展各种服务、活动、教育提供了机遇。

领袖素质

　　超常的适应能力。领袖的路并不一定是一帆风顺的。有前呼后拥的壮观场面,也有独自一人的低谷阶段。能够适应时局的起落变化,不被挫折打倒,不被胜利冲昏头脑是领袖的生存之道。

伟人的性格特点

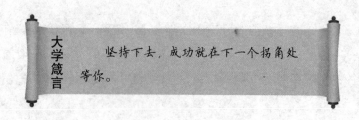

大学箴言

坚持下去，成功就在下一个拐角处等你。

非智力因素的作用

现代心理学研究表明，一个人的非智力因素(性格是其中一个重要方面)在一个人的成才中占有十分重要的作用。一个人具有优良而成熟的性格就能最大限度地发挥自己的精神力量，并能与环境中的他人建立和谐良好的关系。一个人的性格还是其自身品德、世界观的具体标志，是其精神面貌的综合反映和集中体现。

有人对享有盛誉、成就卓著的领导人的性格进行了研究，发现他们共同的性格特征是：实际、客观、求善、创新、坦诚、结交、爱生命、重荣誉、能包容、富有幽默感、悦己信人。这些性格特征是他们造福于人类的信仰的体现，对支持他们始终如一地为实现信仰而奋斗起了重大作用。

美国心理学家台尔曼对150名事业有成人士进行研究，发现性格因素与他们的成功有着密切关系。他们往往具有以下共同性格特征：第一，为取得成功的坚持力;第二,善于积累成果;第三,自信心强;第四,不自卑。考克斯对1450年至1850年400年间所出现的301位伟人进行研究,发现他们都有以下优秀性格特征:自信、坚强、进取、百折不挠等。

在社会实践中,对不同职业者还有不同的职业性格要求。例如,做医生要有严谨、认真、细心、安定的性格;做企业家要有独立、进取、坚强、开放、灵敏等性格;而作为军人就要有勇敢、坚强、果断、自制、机智等性格。不具备相应的职业性格特征的人,往往难称其职。

在日常生活和人际交往中,热情、真诚、友善的人受欢迎,生活也幸福;冷漠、虚伪、孤僻、不负责任的人受冷落,生活也多有不幸。

信念的作用

信念,是一种心理因素。信念领导力是战胜挫折、赢得机遇的前提,也是切实的方法。自信的人首先忠诚于自己的信念,这种信念融入你的言行、举止,让你的举手投足都在辅助你的语言所表达的信息,因而让人们相信你的能力和人格。作为一个领导者,信念坚定是战胜工作中的困难,力排干扰,把握时局,打开局面,果断决策和树立领导威望的一个重要的心理优势。

有了信念,才能以最佳心态开展工作、履行职责;有了信念,才能以饱满热情开创事业、完成使命。运动员在赛场比赛,要争得第一,争得一流,不可没有信念;求职者在人才市场应聘,要技压群芳,求得赏识,不可没有信念。一名领导干部,无论是作竞职演讲,还是就职表态,必须保持良好的心理素质和精神状态,以坚定的口气、热情的态度、积极的表现来赢得上级和群众的支持。

自信是一种认识和态度

自信是一种认识和态度,也通过人的风格来表现。美国形象设计大师鲍尔说:"成功男人的风格反映在外表,而优雅来自内在,它是你的自信及对自己的满意,它通过你的外表、举止、微笑展示。"自信并不一定是天生

具有的,它可以通过后天的培养而产生。如果你在生活中认真观察,你会发现这种自信是有感染力的。

心理学家发现,外向的性格和信念是吸引和保持朋友的重要原因。由于自信,朋友和同事愿意跟随着你,上司也会对自信的人高看一眼。因为你具有自信的气势,让别人相信你能把任何事都变成现实。然而信念却不一定需要用语言来表达,它通过你的神态、语气、姿势、仪态等等,无声无息地、由里向外地散发着魅力。

领袖素质　　服务大众的态度。领袖并不一定要用暴力主宰一切,事实上暴力统治一般不能长久。长久的领导艺术需要懂得如何服务大众,满足大众。

大学为伟人提供了成才的环境

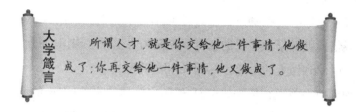

大学箴言

所谓人才，就是你交给他一件事情，他做成了；你再交给他一件事情，他又做成了。

环境对人的心理和行为具有普遍制约作用。系统论认为，环境是第一个在系统周围能够广泛产生作用的场所和条件。人的心理机能是对环境的长期适应的结果，人的心理和行为取决于当前的刺激、个性特征、整个环境及特征。同时，环境与人的心理和行为是相互作用的，这种关系不仅表现在人类生存的自然环境与人的心理与行为的相互作用，也表现在社会环境与人的心理和行为的相互作用，环境对人的心理、行为产生普遍的制约作用，人的心理、行为又导致环境的改变。

心理学家考夫卡在其《格式塔心理学原理》一书中提出环境分为现实的地理环境与个人意想中的行为环境，他认为行为产生于行为环境，受行为环境的调节。另一位心理学家勒温在《拓扑心理学原理》一书中提出

动力场理论,该理论中的生活空间是指人的行为,也就是人和环境的交互作用。勒温所指的环境是指心理环境,是与人的需求相结合在人脑中实际发生影响的环境,由于人的需求的作用,使生活空间产生了动力,勒温称为引力或斥力。由于生活空间具有的动力,人的行为就沿着引力的方向向心理对象移动。

大学为伟人们提供了一个"宽松"与"紧张"适度平衡的环境。大学的环境往往会创造出一种特有的氛围。耶鲁大学模仿英国牛津大学和剑桥大学的模式,从 20 世纪 30 年代开始实行的"住宿学院"制沿袭至今,每个"住宿学院"有 300~500 名本科生,男女比例对等,配有院长和学监各 1 名。12 个"住宿学院"拥有自己的餐厅、客厅、庭院、图书馆、娱乐室等。学校希冀借此使其学生所受的教育不仅仅局限于课堂知识,而且注重在起居社交时学到做人的道理,并从中获得终身的友谊。

列别捷夫曾说,"平静的湖面,炼不出精悍的水手;安逸的环境,造不出时代的伟人。"在这个高等教育良莠不齐的时代,一所真正的一流大学所能为国家和民族乃至整个社会做出的贡献是不可估量的。

领袖素质

　　引导舆论的能力。不得不承认,所有的领袖都要有非常好的口才。他必须时刻掌握舆论导向,让思想意识统一在自己的领导方向上。在管理学中,领袖是人际角色中的一类,有着激励和指导团队成员的责任。

第一章
认识桑赫斯特皇家军事学院

    桑赫斯特皇家军事学院是英国陆军军官的摇篮,从这里毕业的学生,有的在战场上建立了显赫的战绩,有的为捍卫国家荣誉勇敢献身,有的在国家军政部门担任要职,有的在其他领域作出显赫功绩。

第一课　学校概况

大学名言

战争在你愿意时开始，却并不在你不乐意时结束。

　　桑赫斯特皇家军事学院是英国培养初级军官的一所重点院校，也是世界训练陆军军官的老牌和名牌院校之一。学校历史可以追溯到1741年4月30日，乔治二世国王签署一份皇家文件，决定建立皇家军事学院，自此，英国皇家第一所军校在伍尔维奇成立，主要为皇家炮兵团培训军官。其后，皇家工程兵、皇家通信兵、皇家装甲兵等自1920年也相继建立了军事学院。第二次世界大战爆发后，学校关闭。直到1947年，英军将其与皇家军事学院合并，正式改称陆军桑赫斯特皇家军事学院，并在当年1月3日开学。英军老学院、新学院、维克多利学院3所院校驻在桑赫斯特，直到1970年。在院校集中与合并中，桑赫斯特集中了更多的军官训

【经典语录】

　　每一日所付出的代价都比前一日高，因为你的生命又消短了一天，所以每一日都要更积极。今天太宝贵，不应该为酸苦的忧虑和辛涩的悔恨所销蚀，抬起下巴，抓住今天，它不再回来。

练机构而成为今天的规模。

【参谋谈军事】

　　我们可以死，但是永远不会变节！我们可以死，但是要自由和尊严地去死！我们可以死，并不是因为我们不重视生命，不是因为我们不重视我国人民进行的创造性事业，看不到我们通过自己的劳动有权得到的光荣的未来，而是因为我们每个人的生命是同这种思想、这种前途不可分割地联系在一起的。

　　正规职业军人课程，是为在皇家军事学院学习时申请终身服役并在毕业后到部队任职2～4年的军官，或在部队任职期间决定转为终身服役并获得推荐的军官开设的，学制为24周。课程主要内容是战略研究、民主社会与军队、国防事务、军事技术、法语或德语、语言表达等，全部讲授理论，目的在于使正规军官对其职业有一个广泛的认识，提高他们出主意和表达的能力，使他们接近或赶上大学毕业的军官，为其今后的发展打下坚实的基础。学完正规职业军人课程后，一些经文化考试合格的军官必须进入施里文汉皇家军事学院或地方大学，以取得学位；文化考试不合格的转到特别训练班学习，达到必要标准后才能任职。

　　标准研究生课学制28周，是为从地方招收的大学毕业生开设的。课程的教学大纲与标准军事课程类同，毕业后不必再学习正规职业军人课程，

即被授予中尉军衔。

　　妇女大队全部招收女学员,1980年并入桑赫斯特皇家军事学院建制,目的在于能充分利用该学院的教学设施。教学大纲的主要部分与男学员相同,着重培养女学生的领导才能。

　　皇家罗阿伦连课程,是专为未能完全达到正规陆军遴选委员会规定的入学标准的部队生开设的预科班,学制为12周。

　　桑赫斯特皇家军事学院占地面积3.54平方公里,当人们进入1英里长的校园内道路,穿过阿佩尔湖山坡的丛林,跨过希望流溪桥,就到了库鲁尔炮台处。从这里可以看到桑赫斯特学院正门风景。在学院的西边,面对大检阅场的是1812年竣工的老学院楼的白灰色大门。在北面,穿过中央图书馆是体育馆和红砖砌成的新学院大楼;中央是铜顶圆柱式钟塔楼、学院军官餐厅。再往右边望去,可见到黑色屋顶的丘吉尔大楼,其西侧是1970年启用的维克多利学院。

　　学院的主要教学设施有录像设备、闭路电视、录放室、语言实验室等。以化学教授法拉第名字命名的法拉第大厦,设有若干个实验室、一个计算机中心、一个闭路电视演播室、几个演讲厅和一个藏有万余册有关科学和教学书籍的图书馆。学院中央图书馆藏书15万册,其中有大量一流质量的

书籍,另外还有许多油画、礼品等。学院建有跳伞、潜游、滑翔、飞行、航海设施,还有独木舟、小艇、中型航海赛艇、一架飞机、一群猎犬和一群骏马,各种运动、游戏和娱乐设施一应俱全。皇家纪念堂全面展示了桑赫斯特皇家陆军学院和英国陆军的历史传统与时代精神。

在学院的中央图书馆的墙上还专辟学院优等生名单录。他们均被授予维多利亚十字勋章、荣誉剑和其他礼品。桑赫斯特校园的建筑群及其装饰品、陈列品,犹如一座古今结合的军事博物馆,使一批又一批学员从中汲取所需知识与力量。

桑赫斯特小百科

　　桑赫斯特皇家军事学院是英国培养初级军官的一所重点院校,也是世界训练陆军军官的老牌和名牌院校之一。它曾与美国西点军校、俄罗斯伏龙芝军事学院以及法国圣西尔军校并称世界"四大军校"。1741 年 4 月 30 日,乔治二世国王签署一份皇家文件,决定建立皇家军事学院,自此,英国皇家第一所军校在伍尔维奇成立,主要为皇家炮兵团培训军官。

第二课　显赫悠久的历史

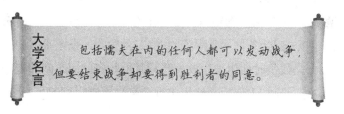

大学名言　包括懦夫在内的任何人都可以发动战争，但要结束战争却要得到胜利者的同意。

　　桑赫斯特皇家军事学院位于伦敦西北郊，是英国培养初级军官的一所重点院校，也是世界训练陆军军官的老牌和名牌院校之一，它曾与美国西点军校、俄罗斯伏龙芝军事学院以及法国圣西尔军校并称世界"四大军校"。著名校友包括英国前首相丘吉尔、英军元帅蒙哥马利、约旦国王侯赛因和文莱苏丹等。

　　英国桑赫斯特皇家军事学院的历史悠长且较为复杂，其产生的背景可追溯到18世纪初。当时世界军事发展跨入了一个崭新的时代。随着后装线膛枪炮的问世和大量装备部队，各国开始重视培训掌握新武器装备的技术军人。于是，英国早期的现代军事院校就在此大背景下应运而生。

　　1737年前后，英国皇家军队首次有了自己的炮兵部队，然而掌握炮兵知识的军官却寥寥无几。于是，1741年4月30日，英国国王乔治二世签署一份皇家文件："如果能建立一所学校或者学院来培训皇家军队的那些没受

【参谋谈军事】

必须熟悉历史,不仅仅是那些描写名人和重大事件的琐碎的近代史,而且要了解人类历史发展的主流,从而懂得什么行动创造了伟大的文明,什么破坏了文明。在我们那页灿烂的历史中,将添上更加光荣的一页,而且奴隶们最后将会用自己身上的镣铐锻冶成锋利的宝剑,把宝剑亮给他们自由的兄弟们看。

过教育和缺乏经验的军官,使其掌握足够的数学知识来胜任炮兵和工程兵的职务,这将对我们的军队大有益处。那样的话,在伍尔维奇有一处房子可做此用。"于是,英国皇家第一所军校就在伍尔维奇问世了。这就是现在的桑赫斯特皇家军事学院的前身。

英王乔治二世决定建立皇家军事学院,主要为皇家炮兵团培训军官。其后,皇家工程兵、皇家通信兵、皇家装甲兵等自1920年也相继建立了军事学院。创办之初,条件异常艰苦,乔治二世签署的皇家批文中提到的房子,实际上是战争时期用来存放火药和其他物资的旧车间和枪械实验场所。因为这一缘故,人们后来给伍尔维奇皇家军事学院起了一个别号,叫"工场"。

由于伍尔维奇皇家军事学院的教学目标非常明确,就是为部队培养炮兵和工程兵军官,因此,随着时间的推移和英国不断向外扩张,陆军参谋部认为很有必要建立一所培训骑兵和步兵军官的学校。于是,1799年建立另一所皇家军事学院,学院分为高级部和初级部,校址也分设在两地,

直到1812年两个部分才都迁往桑赫斯特。建校之初,桑赫斯特皇家军事学院与伍尔维奇皇家军事学院情况大致相同。桑赫斯特和伍尔维奇这两所皇家军事学院在历史的长河中随着战争的影响、政治的波动和经济的起伏而摇摆不定,但却顽强地生存下来了。

1939年，英国政府由于经费不足等原因决定将伍尔维奇军事学院和桑赫斯特军事学院合并，但由于第二次世界大战爆发，致使合并的事情就此耽误下来。二战中，桑赫斯特军事学院为适应战争的需要，停止了正常招生和常规教学，为全军部队开办短期军官培训班，课程侧重于射击、驾车和体能训练。第二次世界大战期间，桑赫斯特军事学院共培训了1.5万多名军官，为保卫英国本土和支援世界反法西斯斗争作出了杰出的贡献。

  第二次世界大战结束后，因战争而耽误的两所军事院校合并之事随即启动。新的校名采用桑赫斯特皇家军事学院。1947年1月3日正式开学，首任校长为弗朗西斯·R·马修斯少将。进入20世纪80年代，陆军军官培训学校和女军官培训学校也并入了桑赫斯特皇家军事学院，该校以稳健的步伐迈上发展壮大的道路。

桑赫斯特小百科

  桑赫斯特皇家军事学院的中央图书馆藏书15万册，另外还有许多油画、礼品等。墙上还专辟学院优等生名单录。他们均被授予维多利亚十字勋章、荣誉剑和其他礼品。学院下设军事科技、作战研究和国防事务等科室，由5个分学院组成，即新学院、老学院、胜利学院、施里文汉学院、女军官学院。

第三课　古今结合的"军事博物馆"

大学名言

战争似乎就意味着血和铁。

　　桑赫斯特军事学院的各个学院的楼群有不同的建筑风格和特色,巧妙地将英国皇家陆军的历史、传统和战绩以及殖民地文化有机地结合起来,使学员在其中就能感受到皇家军官的荣誉。

　　最现代化的建筑群是1970年建成的丘吉尔大楼区,包括容纳1200个座位的大厅、维克多利学院的东楼区和桑赫斯特军事学院的校部办公区。丘吉尔大楼区是以温斯顿·丘吉尔的名字命名的,这是1970年建成的,其设计师戈林斯、梅尔文、瓦德和巴特纳等荣获了建筑学会奖。而老学院因为有战胜拿破仑的滑铁卢战役的纪念厅和物品,并用类似于殿堂的参观方式摆放,在所有的楼群中显得十分壮观。在新学院楼广场南侧有两座纪念碑。一座是"隆伯格石"纪念碑,这是蒙哥马利元帅在1945年5月接受德国北部的德军投降的珍品,于1958年迁到桑赫斯特;另一座为法国王子英皮里尔的立像,他是被流放的拿破仑三世之子,曾在皇家伍尔维奇军事学校学习,在1879年祖鲁战争中丧生。立像是二战后迁到桑赫斯特校园的。

桑赫斯特皇家军事学院
SANG HE SI TE HUANG JIA JUN SHI XUE YUAN

总之，桑赫斯特校园的建筑群及其装饰品、陈列品，犹如一座古今结合的军事博物馆。

在学院的西边，面对大检阅场的是1812年竣工的老学院楼的白灰色大门。

在北面，穿过中央图书馆是体育馆和红砖砌成的新学院大楼；中央是铜顶圆柱式钟塔楼、学校军官餐厅。

【军校语录】

检验真理的工作也没有被过去某一个时代的一批学者一劳永逸地完成；真理必须通过它在各个时代受到的反对和打击被人重新发展。

再往右边穿视，可见到黑色屋顶的丘吉尔大楼，其西侧是1970年启用的维克多利学院。老学院楼区是1801年至1812年间设计和施工的，并于后来修补建成。

在大门西侧有8根立柱，并竖立有战争、智慧象征的神像，还有滑铁卢战役的大炮护卫着的两层楼的正大门，其两侧为18世纪和克里米亚战争中的许多大炮。

进入大楼正门后，参观者可以看到具有历史风采的兵器画、印度陆军纪念室以及1939年至1945年印度军队物品。主走廊内为桑赫斯特博物馆与赫斯廷室，两个大厅室展示着1704年布仑海姆战役和1815年滑铁卢战役的有关资料。

第一章　认识桑赫斯特皇家军事学院　**31**

楼区一层多为会议室和学习教室;楼上层为连部办公室、连军官室、学习教室、罗马天主教堂。学员宿舍也有部分在楼内。

红砖结构的新学院楼群始建于1911年。主要设施可容纳6个学员连420名住宿生。在建筑风格上具有印度新德里特色,其楼门入口处竖立有两门"虎头"大炮,室内及墙上装饰着精致的银器、图画精品。新楼的主走廊是联合王国最长的长廊,布满各种装饰品。

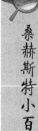

桑赫斯特小百科

桑赫斯特皇家军事学院教育训练的目的是:培养合格领导人才,并为军兵种年轻军官提供所需的基础知识,以使他们适于担任初级指挥官。自1947年起,桑赫斯特军事学院的校训为"当好军事领导者"。学院下设军事、科技、作战研究及国防事务等科室。

桑赫斯特皇家军事学院
SANG HE SI TE HUANG JIA JUN SHI XUE YUAN

第四课　桑赫斯特名人榜——英国国王乔治二世

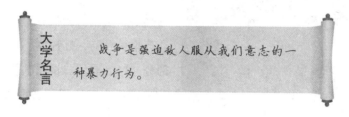

大学名言

战争是强迫敌人服从我们意志的一种暴力行为。

英国国王乔治二世是个身材魁梧的人。他两眼湛蓝，肤色绯红，鼻子略大。他对历史和本族的家系很有研究，对古典文学也很有基础。他的法语、意大利语和英语都说得相当好。他是乔治一世与索菲亚·多鲁西亚的独生子、威尔士亲王。1705年与安斯巴赫的卡洛琳结婚，共有3个儿子、5个女儿。1727年，乔治一世驾崩后继位为英国国王、汉诺威选侯，称乔治二世。

乔治二世一生热爱军事。他在政治上得到英国首任首相华尔波尔的支持，争取到多数辉格党人和有势力的托利党人对其正统地位的承认。1743年，在奥地利王位继承战争中的代廷根战役中，他指挥军队与法国作战，在失去战马的情况下，步行挥剑指挥战斗，最终以很少的代价赢得了胜利。

1742年，罗伯特·沃尔波首相在以威尔士亲王弗雷德里克·路易斯王储为首的反对派的压力下辞职，乔治二世起用卡特里特组阁。由于乔治二

第一章　认识桑赫斯特皇家军事学院　*33*

世重视汉诺威甚于英国，为保障汉诺威领地的安全，在奥地利王位继承战争中,他支持奥地利与普、法、西联盟作战。他更放下国内政务亲自上欧洲大陆，率领德意志诸侯联军和少量英军跟法军作战，于1743年取得哥廷根战役大捷。

1744年，议会以国王为德国利益而损害英国利益为由，迫使卡特里特首相辞职。1745年,詹姆斯二世的孙子、小王位觊觎者查尔斯王子在苏格兰登陆，并控制了苏格兰大部分地区。乔治二世派其子坎伯兰公爵讨伐小王位觊觎者取得胜利，

小王位觊觎者被迫逃亡,在流亡中度过一生。1746年,老皮特内阁组成。1760年,乔治二世因心脏病发作猝死。

仇视父亲

乔治二世继位前,封号是威尔士亲王。他长期仇恨父王乔治一世,这种仇恨是有原因的。他的母亲多萝西娅对丈夫感到厌恶,爱上了瑞典龙骑兵的一位上校。为此,乔治一世不但和多萝西娅离婚了,还把她终身监禁在阿尔登城堡中。多萝西娅当时只有28岁,到死一共被监禁了32年。

乔治二世十来岁的时候,得知母亲的不幸遭遇,曾经试图游过阿尔登城堡的护城河,前去探望生母,结果在上岸前被卫兵抓住。父王得知后,叫人将他狠狠地揍了一顿。乔治二世的父王,不肯授予他任何官职,哪怕是最卑微的。他随父王征战,非常勇敢,在奥德纳德之战中有战功,但父王却一直贬低他的战功。长期的压抑使他变得脾气暴躁、行事傲慢,他把身边所有的男人和女人,都看作自己一时高兴愿踢打就

踢打、愿亲吻就亲吻的奴隶。

虐待儿子

乔治二世与已故的乔治一世有惊人的相似之处，他同他儿子弗雷德里克的关系也非常不好。弗雷德1706年生于汉诺威，他的肤色发黄，鼻子弯曲得像犹太人，看起来不像汉诺威王室的后裔。有人说他生下来时就"掉了包"，这似乎是无稽之谈。但有一点是肯定的，那就是他从生下来那天起，乔治二世夫妇就不喜欢他。

乔治一世在位时，曾要长孙弗雷德里克王子与普鲁士的威廉明娜公主结婚，弗雷德里克王子本人也表示同意。但当他父亲乔治二世登基伊始，马上中断了这个婚约谈判，并且评论道："我不认为把我这傻乎乎的纨绔儿子和一个疯女人结合，就能生出一个聪明孩子。"后来，国王宣称："我们的大儿子是最大的傻瓜、大撒谎家、大贱民，也是世界上举止最粗鲁的人。我们衷心希望世界上没有他就好了。"人们认为乔治二世对儿子太刻薄了，就是乔治一世也没有这样说过他的儿子。

在某些方面，弗雷德这个年轻人是有点傻乎乎的，但他不是那种心眼很坏的人。当国王的人肯定都不喜欢有人提醒他们：人总有一死，继位者正在一旁等着他们让出王位来。乔治二世仇视儿子弗雷德的真正原因是：弗雷德和他政见不合，必然会成为那些反叛他的臣民们的一面旗帜。

乔治二世尽最大努力压制弗雷德的社会影响，把他的年金降到2.4万英镑。乔治二世本人当威尔士亲王时，年金为10万英镑。尽管弗雷德的财力不大，他仍能赞助意大利的歌剧并且嘲笑父王和母后不懂音乐。可是乔治二世挖苦地对弗雷德说，有身份的人从不豢养一个小提琴手班子来降低自己的身份。当时社会上却同情王子弗雷德，那些失意的政客、才子和戏剧家开始发现，跟王子讨口饭吃比跟国王要随和得多。

乔治二世的首相沃波尔，由于推行不

> **【军校语录】**
>
> 任何战术都只适用于一定的历史阶段；如果武器改进了，技术有了新的进步，那么军事组织的形式、军队指挥的方法也会随着改变。

得人心的执照税法而遭到人民的反对。在外交上他主张不卷入欧洲事务。在这些方面,弗雷德总是和首相沃波尔唱反调。乔治二世面临着这样一种可怕的局面:弗雷德借用很有威望的康沃尔公爵,要把现在的大臣们赶出内阁,而把王子的朋友、一群被首相嘲弄为"爱国的娃娃"们弄进内阁掌权。这一时期首相沃波尔保住了他的职位,但权势大为减弱了。国王被迫同意弗雷德结婚,这意味着另立门户并给弗雷德增加更多的年金。乔治二世和王后选中了一位17岁的奥古斯塔公主,作为与王子门当户对的新娘。这位未来的威尔士王妃在格林尼治上岸时,手上还拿着一个布娃娃。乔治二世与王后立即把新媳妇推到了敌对的方面,禁止大使们拜访奥古斯塔公主;武装部队和宫廷官员得到通知,拜访威尔士亲王弗雷德夫妇,将招致王室的反感。随着王子弗雷德的声望日益高涨,乔治二世对他更加嫉恨。乔治二世登基之前常常极力向社会宣传他的父王是一个顽固不化、难以相处的老头。现在轮到他的儿子弗雷德来宣传他了。弗雷德把乔治二世说成是"一个顽固、放纵、吝啬而严峻的军纪官,又是一个贪得无厌的昏君"。

继承王位

与昏君父王不一样,乔治二世即位时,对英国政治情况了如指掌。新国王44岁,后来又活了33年。他有机会和时间把朝政安排得有条有理,很多人期待他一反其父的所作所为。乔治二世即位后,要他的朋友威尔明顿

伯爵接管政府。但威尔明顿伯爵泪流满面,说他担当不了这个重任。乔治二世见威尔明顿伯爵不肯就任,正束手无策时,王后卡罗琳向他建议,让原来的大臣罗伯特·沃波尔担任首相。乔治二世采纳了王后的建议。他知道沃波尔处事不动声色,那种人情练达、玩世不恭的态度,恰好与王后不谋而合。王后告诉乔治二世,沃波尔是唯一能通过议会大量增加皇室薪俸的人。精明的沃波尔很赞赏

卡罗琳,认为只有她才能左右国王。他得意地对人说:"我没看错人。"

乔治二世当上国王,变得越来越同以前的父王一般,宫廷生活不再那么活跃了。原先常出入王子府第和王子、王妃一道寻欢作乐的男男女女,一个个销声匿迹了。新国王严格遵守宫廷礼仪,他还号召人民崇尚俭朴。宫廷变得非常沉闷,在那漫长的夜晚,乔治二世喜欢独自一人坐在壁炉旁,沉浸在对奥德纳德之战所取得的赫赫战功的回忆之中。有一位名叫赫维的勋爵,过去常到王子的府第跳舞、打牌,如今见宫廷变得死气沉沉,乔治国王同过去判若两人,对王后说:"没有哪一匹磨房的马像这样围着一个不变的圈子不停地转下去。"

夫妻恩爱

1714年时,乔治二世已经30岁了,他与卡罗琳结婚已经8年。卡罗琳身材修长,一头金发,极为美丽而又聪明灵活。乔治二世非常爱她。卡罗琳非常懂得体贴丈夫,并且施行自己的政治影响,慎言谨行地主宰着自己的丈夫。不久,乔治二世和卡罗琳建立起一个与父王并驾齐驱的"宫廷",那里的宫廷比死气沉沉的父王的皇宫有趣得多。卡罗琳常邀请王公贵族们来跳舞、下棋。跳舞总是通宵达旦,牌桌上的赌注比国王宫廷中的还要高。

卡罗琳还是一个自以为有文化修养的人,她的书房里藏有许多书籍,她在当姑娘时就曾与哲学家莱布尼兹做过一次长谈(莱布尼兹是德国数学家、哲学家,微分的发现者,柏林科学院创始人)。然而,乔治二世夫妇并不完全逍遥自在。多年来,他们只是在给孩子施洗礼时才能见到父王。有一次,施洗礼完毕,国王下令把王子逮捕起来。两名御前侍卫立即冲上前来,不由分说扭住了乔治二世的胳膊,王子大声喊道:"我犯有何罪,父王要下令逮捕我?"父王冷笑一声说:"你犯的罪自己心中有数!"原来,是在一次酒醉后,王

子曾扬言要杀害国王的宠臣纽卡斯尔公爵。经卡罗琳再三跪下求情，父王才下令放了王子。

　　乔治一世身为英国国王，喜欢长期住在汉诺威而不住首都伦敦。尽管如此，国王仍拒绝王子拥有摄政王称号，而只是授予他"王国监护人"的头衔。这"王国监护人"，实际上没有任何实权。王子甚至连父王驾崩都不敢相信，当大臣告诉他，他已继位成为国王时，他还以为大臣在搞阴谋。那是1727年6月14日傍晚，大臣罗伯特·沃波尔把乔治一世驾崩、他已被立为国王的消息告诉了他，他竟勃然大怒地说："这是一个弥天大谎。"

　　乔治二世很爱他的妻子卡罗琳王后，受王后的影响很大，自己不在国内时，总是由王后摄政。

统治危机

　　乔治二世对他的大臣们越来越粗暴了。那些常常遭到国王冷遇的大臣，自行组成了一个"牛排俱乐部"。乔治二世闻讯后，更是火冒三丈，说："我真讨厌这群笨蛋！我诚心诚意地希望魔鬼把所有的主教都带走，还有你们这帮大臣、你们的议会、你们这个小岛。只要我能离开这里，我就到老家汉诺威去。"

　　乔治二世的情绪越来越糟糕，他常常借酒消愁，喝得烂醉如泥。人们曾经把乔治一世说得荒谬绝伦的同一笑料，如今换成乔治二世，又加到他头上了。那笑话是这样的：一次，当乔治在国外旅行时，一条瘸腿的老马在伦敦大街上脱缰而去，身上背着一块牌子："大家不要拦我——我是国王老家汉诺威的车马，去接陛下和他的妻子到英国来。"当政府试图减少杜松子酒的消费量时，愤怒的群众蜂拥着王家的辇车大声高呼："不给酒！不要国王！"

　　对于乔治二世来说，更严重的打击还在后面呢。卡罗琳王后因病缠床日久，于1737年11月去世。乔治二世悲痛欲绝，也不顾国王的尊严，像小

孩子似的号啕大哭。他不让人搬走卡罗琳的尸体，整日搂着她而卧，颠三倒四地说："卡罗琳，我亲爱的，你该起来吃点东西了……"尽管乔治二世有许多情妇，但是他说："我从未见过一个能配得上给她系鞋带的。"

卡罗琳王后之死，具有重大的政治含义，这个女人对国王拥有大权，乔治二世在重大问题上都听她的。沃波尔只是个傀儡首相，实际上他只是卡罗琳的传声筒和工具。现在王后死了，哪一个政治家将从这一新形势中得到好处呢？纽卡斯尔公爵认为，今后能对乔治二世施加最大影响的，莫过于公主了。沃波尔首相想要工作顺利，就得讨好公主。首相沃波尔由于善于对国王逢迎拍马，又有国王心爱的公主暗中撑腰，权力越来越大，大臣们私下里称他为"副国王"。但是好景不长，首相主张低税率和和平，使乡绅们相安无事，而乔治二世却想打仗，他想要重温他年轻时打的胜仗，仅仅为这个，他就不顾百姓死活发动了战争。

战场扬名

在乔治二世的策动下，英国于1739年9月26日，爆发了对西班牙的詹金斯耳朵之战。接着，又因为奥地利王位继承战争对法兰西开战。战争的爆发使乔治二世大为开心，但却成了沃波尔首相垮台的开端。弗雷德王子

和首相的反对派也想打仗,想借战争捞取政治资本。乔治二世这个战争狂,于61岁时重上战场。1743年6月15日德廷根战役,国王亲率英国人、汉诺威人、黑森人、奥地利人和荷兰人所组成的联合大军,与法兰西人摆开了阵势。乔治二世常出现在枪林弹雨之中,他骑一匹黑马,挥舞着宝剑喊道:"小伙子们,为了英格兰的荣誉! 开火,勇往直前! 别瞎扯什么危险,法国佬会逃跑的,我要报仇!"法国人果然逃之夭夭了。不管国内外有人怎么贬低乔治二世,他是冒着生命危险与士卒并肩作战的最后一位英国国王。国王的声望在下降了多年以后,这次却大大提高了。乔治二世这种声望后来帮了他的大忙。

1745 年夏,那个暴君詹姆士二世的孙子,比詹姆士二世的儿子劲头更足,纠集流亡在欧洲的余党,率领雇佣军又一次入侵英国。爱丁堡陷落了,接着是卡莱尔,然后德比也陷落了。敌人来势汹汹,乔治二世的几个大臣认为,能有幸在亡命中度过余生,逃回国王老家汉诺威就不错了。乔治二世却很镇静,他没有听从大臣们逃跑的建议,而是调兵遣将,坚守首都伦敦。他授权他最心爱的儿子坎伯兰公爵担任抗敌总指挥。后来,这场叛乱终于被坎伯兰平息了。

连续的国外、国内战争,使国库渐渐枯竭。要维持国王的统治,就必须增税。增税必须通过议会表决,这就意味着增加议会的权力。乔治二世有时觉得议会碍事,抱怨英国宪法的"共和"特色,但他决不至于鲁莽地轻易搞掉他所不喜欢的政府。乔治二世深知国内新兴的地主、资产阶级势力已日益强大。上述这些事件加强了纽卡斯尔公爵及其弟弟首相亨利·佩勒姆的地位。在乔治二世在位的最后几年里,佩勒姆家族的人一直掌权。

乔治二世感到满意的是他比可恨的儿子弗雷德活得长。弗雷德一辈子都在夸夸其谈,说当他的父王死去以后他要做些什么,可是,这个儿子竟先死去了——他于1751 年3 月死去。乔治二世假惺惺地表示丧子之痛,哭得很伤心,称赞弗雷德很有才华,不过,很多人发现国王的戏演得太假。不管怎么说,他坚决拒绝为死去的儿子还清债务。

乔治二世并不喜欢佩勒姆家族的人,而且,他更不喜欢佩勒姆推荐上来的政治家威廉·皮特。这个皮特就是当年弗雷德王子身边的红人,他从一个"爱国的娃娃"开始其政治生涯,领导了英国参加"七年战争"。这场"七年战争"以普鲁士、英国和汉诺威为一方,法兰西、奥地利、俄罗斯、瑞士和西班牙为另一方,从1756年开战,直到1763年才结束。年迈的国王总是那样不机智和缺乏涵养,拖了很久才肯接受皮特作为首相。

1759年是大英帝国在军事上捷报频传的一年。大英帝国完全控制了海上,对全球进行军事扩张和殖民统治,先后征服了加拿大、印度和加勒比诸群岛。78岁那年,国王的体力越来越衰弱了。他朝思暮想的是军事上的辉煌胜利,现在他得到了。没有任何一个君主的统治,是在比他更加崇高的名望中结束的。

死于马桶

不过,纵观乔治二世的一生,并不能称其为伟大,他甚至有许多可笑之处。国王有幸突然死去,但死得不体面。乔治二世多年来患有便秘,1760年10月25日清晨,他大便时用力太猛,引起心脏病猝发。不幸的大英帝国国王乔治二世死在马桶上。

桑赫斯特小百科

　　桑赫斯特皇家军事学院各个学院的楼群有不同的建筑风格和特色,巧妙地将英国皇家陆军的历史、传统和战绩以及殖民地文化有机地结合起来,使学员在其中就能感受到皇家军官的荣誉。

第二章 军事领导者培养模式

当年轻军官晋升为上尉、少校或更高军衔时,他们将接受进一步的培训,内容不仅包括军事技能,还包括植根于桑赫斯特的核心价值观。除了基本的军事训练课程外,学校还非常重视通过丰富多彩的课外活动,促进学员非智力因素的发展。

第一课　独具匠心的课程设置

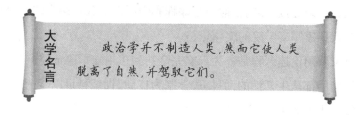

大学名言

政治学并不制造人类，然而它使人类脱离了自然，并驾驭它们。

　　强壮的体魄、坚强的意志、必胜的信心、高明的作战技能是作为一个军人必不可少的基本要素。当年轻军官晋升为上尉、少校或更高军衔时，他们将接受进一步培训，内容不仅包括军事技能，还包括植根于桑赫斯特的核心价值观。作为个人发展计划的一部分，军官需要进行大量的自修。

　　根据桑赫斯特军事学院的办学宗旨，学员要全面了解自己所从事的职业以及所担负的职责，要充分认识所从事职业的意义及应负的责任；学员要具有基本的领导和管理才能、纪律观念和责任感，以便有能力和愿望完成自己的职责；学员要具有较高的身体素质，这是完成一切工作任务的基础。

　　为了达到上述目的，培训不同层次、不同职位的人才，桑赫斯特军事学院设有预科班、标准军事班、正规职业军官班、大学毕业生标准军事班、妇女军官班等。

设有标准军事课程、正规职业军人课程、标准研究生课程、皇家妇女队课程和罗阿伦连课程等五种课程,同时还为专业兵、地方军、志愿后备役军官设了一些短期课程。

标准军事课程学制为28周,分两个学期授完,属新生的必修课程,主要学习步兵小分队战术、识图用图、通信、武器操作与使用、队列、三防、急救、后勤、组织指挥以及语言表达能力。从正规部队招来的士兵和从地方招来的中学生,在学习标准军事课之前,必须在陆军教育学院训练班先接受5门普通教育课程和两门高等教育课程的专门学习,获得进入皇家军事学院的文化资格。

皇家罗阿伦连课程是专为未能完全达到正规陆军遴选委员会规定的入学标准的部队生开设的预科班,学制为12周。训练科目以步枪射击和初级无线电报务为主,并突出冒险训练。

目的在于增强学员的自信心,提高他们的军人气质和自身素质。通过该课程考试者进入标准军事课程训练班学习,未能通过考试者退回原部队。

学员毕业分配采取个人选择与团队选择相结合。在标准军事课程和标准研究生课程开课后前8周,各兵种和勤务

部队都去介绍情况。然后,每个学员做出愿意去服务单位的三种选择。

被选定的单位都要为他安排一个接触的程序,主要是用人单位派代表同其谈话。如果他被用人单位代表选中,即被安排去会见团队长官,如被团队长官认定他具备所需要的条件,将来毕业分配即被确定下来。一些未被用人单位挑中的,毕业时则被转交任命委员会,由他们安排去向。

桑赫斯特小百科

在桑赫斯特皇家军事学院楼广场南侧有两座纪念碑:一座是"隆伯格石"纪念碑,这是蒙哥马利元帅在 1945 年 5 月接受德国北部的德军投降的珍品,于 1958 年迁到桑赫斯特;另一座为法国王子英皮里尔的立像,他是被流放的拿破仑三世之子,曾在皇家伍尔维奇军事学校学习,在 1879 年祖鲁战争中丧生,立像是二战后迁到桑赫斯特校园的。

第二课　多样化的学习方式

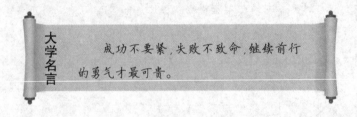

成功不要紧，失败不致命，继续前行的勇气才最可贵。

英军院校非常重视对学员作战指挥能力的培养，坚持以未来作战需求牵引军事人才培养，在课程设置上，大大增加了实践性课程的比重。英国皇家陆军军官学院、皇家海军军官学院的实践性课程占总学时的70%以上。如它们开设有历险训练课程，组织学员进行远程历险训练，内容以反恐怖、难民救助、维和行动为主，着力培养学员的现场指挥才能和在艰苦复杂环境下正确决策的素质与能力。

在办学模式上，英军院校强调与地方高校"联姻"，既突出了军队院校的军事特色，又利用了著名大学的学术优势。布里塔尼亚皇家海军军官学院与英国普利茅斯大学海洋研究学院联合办学，学院学制有1年和3年两种。学制1年的课程，主要在布里塔尼亚皇家海军军官学院完成海军军官任职前的岗位培训任务，毕业后直接到部队任职或转到皇家军事科学学院或其他地方大学"连读"自己感兴趣、范围更加广泛的学士学位课程。学制3年的课程，第一学年的课程与1年制课程内容完全相同，后两个学年转入普利茅斯大学海洋研究学院继续学习，毕业时获得普利茅斯大学学士学位证书，然后再到部队任职。

在教员选任上，根据课程需要广泛邀请军内外专家教授到校授课。英军最高学府皇家国防研究学院没有固定教员，而是依课程需要，邀请军队、政府部门、各地方大学和军事院校的专家、教授讲课。英国的中级指挥学院如三军联合指挥学院，为了使学员学到最新、最前沿的学科知识，也经常邀请政府部长、大学教授等来校讲课。另外，英军院校明确规定各院校教员可以到外校讲课，也可同时在几所院校兼课，这就为各院校间广泛开展学术交流活动提供了便利条件。

战术课以演练的方式进行。在野外近似实战的训练环境中，战术课变得非常复杂和具有挑战性。教员挖空心思，给学员们出难题、设险局，逼着学员直面"战场"，灵活运用学到的知识，寻找克"敌"制胜之法。他们还着眼于学员指挥决策能力的提高，安排了以实践为核心的指挥决策能力培训课程。这类课程通常是安排学员到各个部队的指挥机构进行代职实习，让学员以不同级别指挥员的身份参加训练或综合演练，在具体军事活动中检验和提高学员的军事指挥才能和科学决策能力。

英国军事教育者认为，在军事人才的成长过程中，智力因素固然起着决定性作用，但非智力因素，如情感、意志等也起着重要的不可替代的作用。因此，他们非常重视通过丰富多彩的课外活动，促进学员非智力因素的发展。

社交生活。通过举办各种集会，从多方面为学员提供交流机会，提高学员的社会交往能力。如桑赫斯特皇家陆军军官学院在第

一学期和第二学期,每个连都要由学员举行一次晚宴。学员毕业之际,还要为学员举办委任晚宴。

文化活动。在英军院校都组建有文化活动俱乐部和协会,通过开展各种文化活动,陶冶学员情操,提高他们的艺术素养。在皇家陆军军官学院有桥牌、舞蹈、辩论、绘画、摄影和戏剧俱乐部等室内活动俱乐部。这些俱乐部定期或不定期举行活动和比赛。

体育活动。在桑赫斯特皇家军事学院,学员有充足的时间进行体育活动。除了橄榄球、板球、曲棍球和足球外,学员们还可以参加高尔夫球、划艇、拳击和田径运动。这些体育活动对强健军人体魄、培养坚强意志起到了重要作用。

桑赫斯特小百科

　　被挑选进入桑赫斯特皇家军事学院标准军事课程学习的学员,来自英国官办和私立学校的约占 33%,来自普通学校的约占 43%,因获得陆军奖学金而入学的男中学生占 8%,由陆军韦贝克学院 6 年级学生考入的占 12%。立志爱好科学和实用技艺的 16 岁男童,先期进入该学院接受军事技术训练和理论教育,取得优等成绩者直接升入桑赫斯特皇家军事学院。

第三课　桑赫斯特名人榜——英国首相温斯顿·丘吉尔

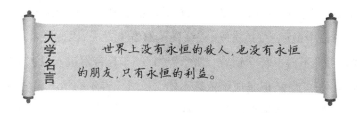

大学名言

世界上没有永恒的敌人，也没有永恒的朋友，只有永恒的利益。

温斯顿·丘吉尔出生于英国的一个贵族家庭。他的祖上约翰·丘吉尔因在"光荣革命"中支持威廉三世，且在对西班牙和法国的战争中作为军队总司令取得胜利，而于1702年被安妮女王封为马尔巴罗公爵（马尔巴罗家族在19世纪英国20个王室以外的公爵家族中名列第十）。丘吉尔的父亲伦道夫·丘吉尔勋爵（Lord Randolph Churchill）是马尔巴罗公爵七世的第三个儿子，是保守党"樱草会"（保守党中的一个派系，以工人阶级为主）的创办人，曾担任过内阁中仅次于首相的财政大臣。丘吉尔的母亲珍妮·杰罗姆是美国百万富翁、《纽约时报》股东之一的伦纳德·杰罗姆的女儿。

温斯顿·伦纳德·斯宾塞·丘吉尔爵士（Sir Winston Leonard Spencer Churchill，1874年11月30日—1965年1月24日）是个特别有才华的人。他不仅是十分优秀的政治家，还是画家、演说家、作家以及记者。1953年他的作品《不需要战争》获得了诺贝尔文学奖，这对他来说似乎并不是什么难事，

在1940年至1945年及1951年至1955年期间,他两度任英国首相,被认为是20世纪最重要的政治领袖之一,并带领英国获得第二次世界大战的胜利。据传他是历史上掌握英语单词词汇量最多的人之一(高达12万多)。同时,他还被美国《展示》杂志列为近百年来世界上最有说服力的八大演说家之一。2002年,BBC举行了一个名为"最伟大的100名英国人"的调查,结果丘吉尔获选为有史以来最伟大的英国人。

早年经历

丘吉尔是一个早产儿,由于父亲伦道夫·丘吉尔忙于政治而母亲又沉湎于交际之中,丘吉尔少年时代很少感受到父母的关爱,只与他的保姆结下了深厚的亲情。1881年,7岁的丘吉尔被送入一所贵族子弟学校读书,丘吉尔是学校中最顽皮、最贪吃、成绩最差的学生之一,因此经常遭到老师的体罚,后来不得不转学到另一所学校。1888年丘吉尔进入仅次于伊顿公学的哈罗公学就读,但是成绩依然不佳。虽然丘吉尔的学习成绩不好,可是他后来之所以成功,关键取决于他的综合素质。伦道夫勋爵于是决定在儿子毕业后将他送到桑赫斯特皇家军事学院。1893年8月,丘吉尔进入该校的骑兵专业学习。两年后,政坛上不得志的父亲早逝,同年2月,丘吉尔从军校毕业,被分配到第四骠骑兵团任中尉。

1895年10月,刚刚当上中尉的丘吉尔利用假期和朋友一起到古巴亲身体验一下西班牙和古巴当地人民起义的战争。由于其父亲的关系丘吉尔还被英国情报部门看中,要他负责收集西班牙军队所使用的枪弹的情报,此外,《每日纪事报》也聘请他为随军记者,为该报发稿。一个月后,历经了战火、身怀一枚西班牙红十字勋章的丘吉尔回到英国。古巴之旅使丘吉尔爱上写作和记者生活。

1896年,丘吉尔随部队调往印度,在那里他有时间阅读大量的历史、哲学作品,其间写出了第一部著作《马拉坎德野战军纪实》,

【军校语录】
我们赞赏那种真正的政治家,就像赞赏那种给我们写下了人间最宏伟的诗篇的人一样。永远放眼未来,赶在命运的前头,超越于权利之上。

1898年该书在英国出版。之后他又相继出版了自己的小说《萨伏罗拉》和有关英国和苏丹战争的《河上的战争》。

1899年9月，已经辞去军职的丘吉尔以《晨邮报》记者的身份前往南非，采访英布战争。在随英军士兵行进途中被后成为南非总理的史末资所俘虏。丘吉尔虽然是随军记者，但是因其携带武器并参加战斗，布尔人拒绝释放他。1899年12月，丘吉尔极为大胆地独自一人越狱成功，在当地一个英国侨民的帮助下逃到了洛伦索·马贵斯（今莫桑比克首都马普托）的英国领事馆，这一事件使得他在英国的名声大噪。1900年3月，又经历了几次战斗的丘吉尔终于回到英国，通过越狱事件而闻名全国的丘吉尔决定抓住机会，踏入政坛。

早期政治经历

1900年10月，代表英国保守党参选的丘吉尔顺利当选议员，从此开始了长达61年的政治生涯。不过在议会中他虽然是保守党成员，却抨击保守党政府的多项政策，批评政府在英布战争中的政策，并坚持反对政府的扩军计划。在成功阻挡政府的扩军提案在下议院通过后，丘吉尔又在贸易问题上走到了政府的对立面：他公开表示反对首相尼维尔·张伯伦的贸易壁垒政策，坚持维护自由贸易原则，这使得他与保守党彻底决裂。1904年他自称"独立的保守党人"，并最终于1905年1月被保守党取消了党员资格。4个月后，他坐到了反对党的议席中。

1906年自由党上台，丘吉尔获任命为殖民地事务部次官，在任内最重要的成就是推动南非取得自治地位。1908年，阿斯奎斯首相上台，丘吉尔被任命为商务大臣，正式进入内阁，任内推动了强制性工人失业和伤残保险，并阻挠海军增加财政预算。

1910年丘吉尔出任内政大臣，虽然他在监狱改革等方面作出了贡献，但是由于当面对工人游行罢工时采取的毫不手软的态度而遭到指责，他在任内曾经多次下令军警镇压罢工和游行活动。他最著名的一次行动是发生在1911年1月的"塞德奈街杀戮事件"，当警方得知有一伙东欧无政府主义者抢劫了一家珠宝店后，丘吉尔亲自到达现场指挥包围行动，调动了大炮、军队。一名摄影记者拍下了丘吉尔在现场的照片，丘吉尔被拍到在塞德奈街杀戮事件现场的照片事件被大肆渲染，保守党领袖阿瑟·巴尔福嘲讽丘吉尔道："他(丘吉尔)和那名摄影师都将自己宝贵的生命置之不顾。我知道这位摄影师正在做什么，但这位可敬的绅士又在做什么？"

1911年10月，丘吉尔获任命为海军大臣，一开始时他和他的下属发生了许多摩擦，丘吉尔要求下属官员严格服从自己的权威，将不屈从自己的官员革职，而且丘吉尔允许基层官兵发表批评自己长官的言论，虽然在基层中引来好评，却使得直接隶属于海军大臣的4名海务大臣感到不满。上任海军大臣后，丘吉尔改变过去一味要求裁减军费的作风，开始主张与德国进行海军军备竞赛，确保英国在海军方面的优势无法受到挑战。

1914年7月，第一次世界大战爆发。次年1月，丘吉尔批准了海军攻占达达尼尔海峡的计划，但是最后海军却无法攻占下该海峡，并付出了巨大代价。英国在战事之初的优势丧失，也使得丘吉尔成为保守党猛烈攻击的对象。5月，已经决定要与保守党人共组联合政府的阿斯奎斯首相免除了丘吉尔海军大臣的职务，派他出任内阁中地位最低的不管部大臣。被排挤在政治圈之外

【军校语录】

虚心不是一般所谓谦虚，只是表面上接受人们的意见，也不是与人们无争论无批评，把是非和真理的界线模糊起来，而必须保持自己的政治立场，当自己还未了解他人意见时不盲从。

的丘吉尔决定辞职，赶赴法国前线亲自参加战争。

1916年5月，丘吉尔卸任皇家苏格兰毛瑟枪团第6营营长，并放弃了中校军衔，回到议会。9月，达达尼尔海峡战事调查委员会成立，次年1月该委员会发表报告，将事件的主要原因归咎于首相阿斯奎斯和陆军大臣，而丘吉尔在事件中的责任被认为不是那么重大，这份报告的发表为丘吉尔重新在政坛崛起提供了契机。

1917年7月，自由党党魁劳合·乔治宣布任命丘吉尔为军需大臣。乔治原本准备让丘吉尔担任更高的职务，但是因与自由党组联合政府的保守党人的坚决反对而作罢。而即使是任命丘吉尔为军需大臣也引起了一场大风波，舆论与保守党人士都表示强烈的反对，但是在首相的坚持下丘吉尔照常上任。丘吉尔在军需大臣任内推动了多项对今后战争产生深远影响的新发明，包括坦克、飞机和化学毒气。在丘吉尔的提议下，英国迅速扩大了坦克的生产规模。此外，他还极力推动飞机在战争中的应用，他本人甚至也学会了开飞机。

1919年11月，英国举行一战后的首次大选，选后丘吉尔在内阁内兼任陆军大臣和空军大臣两项职务。他开始对英国军队进行调整，并且主张积极干预俄国内战。他称英国应该让布尔什维克主义"胎死腹中"，将共产党人称为"残暴的大猩猩"。丘吉尔也从此以坚定的反共立场而闻名，唯一的例外是在第二次世界大战中。1921年，丘吉尔转任殖民地事务部大臣，但同时继续兼任空军大臣，任内开始与爱尔兰新芬党谈判，最终允许爱尔兰成为英帝国内的一个自治殖民地。

自由党在1922年的大选中惨败，而丘吉尔本人也在自己的选区中意外失利。多年的战争使得选民变得"左"倾，原本支持自由党的选民大批大批地

倒向工党。在次年的选举中丘吉尔再度落败，而工党则获得胜利，组建了第一个工党政府。丘吉尔意识到自由党的势力已经开始衰败，很难再成为政坛上可以与保守党抗衡的政治势力，于是他逐渐疏远自由党，转而向保守党靠拢。在1924年3月的补选中，丘吉尔以"独立的反社会主义者"身份参选，提出自由党等其他所有反对党都应该向实力较强的保守党靠拢。最后选举结果丘吉尔还是以43票之差落败。著名的社会主义者、剧作家萧伯纳在竞选期间写了一封信给丘吉尔，讽刺他的对俄政策，称他无法支持花了英国人"1亿英镑试图将俄国的时钟拨回封建时代"的人。1924年夏，刚刚成立了9个月的工党政府倒台，丘吉尔代表保守党参选以高票当选，并被首相斯坦利·鲍德温任命为财政大臣，这是内阁中地位仅次于首相的职位，也是丘吉尔父亲曾经担任过的职务。但是丘吉尔本人对财政一窍不通，在任内推动了英国重新采用金本位制，这一决策后来被著名的剑桥大学经济学教授凯恩斯批评，给英国经济带来负面影响，英国的商品在国际市场上价格上升了12%。金本位制最终在1931年被取消。1926年英国职工总会因矿工薪资问题宣布举行全国大罢工，丘吉尔在罢工中采取强硬立场，据称还建议用机关枪驱散罢工矿工。因印刷工人也加入到罢工行列中，报纸无法出版，丘吉尔下令由政府发行《英国公报》，宣传政府的政策。

　　1929年5月英国再度举行大选，这次选举中丘吉尔本人虽然险胜，但是在全国，保守党和自由党惨败，拉姆齐·麦克唐纳的工党政府重新执政。这段后来被称为"在野岁月"的日子是丘吉尔政治生涯中的最低潮，他在议会中除了批评政府提出的印度自治方案，并决定与国大党谈判外，大部分时间用于写作，包括已经在连载中的《世界危机》以及《我的早年生活》，还有一本关于祖先马尔巴罗公爵一世的传记。此外他还访问美国，拜访美国各界人士和政治领袖。1931年12月，在丘吉尔的第二次美国之行中他遭遇车祸，内脏严重出血，不过幸好治愈得当，住院8天后就出院。

绥靖政策

一战后的英国弥漫着和平主义的气氛，从政党领袖到平民百姓都鼓吹裁军，人民天真地相信，一战后将再也不会有一场如此残酷的战争了。丘吉尔是议会中极少数反对裁军，并警告德国正在撕毁《凡尔赛条约》的人。丘吉尔警告，希特勒的法西斯独裁将给欧洲带来灾难，如果不立即阻止甚至可能导致文明的毁灭，他督促英国应当重整军备，并鼓励盟友法国加强军事势力，而不是"裁减你的武器，增加你的义务"。但是多数人都将他的警告视为危言耸听。

1936年3月7日，阿道夫·希特勒在德国国会宣布，德国军队已经重新占领了莱茵兰非军事区。对这一明确违反《凡尔赛条约》的行为，英法两国都未表示强烈的反对，只有丘吉尔警告这么做不仅违反条约，而且对荷兰、比利时和法国都造成威胁。丘吉尔再次呼吁，英国应该向法国提供协助，以维持欧洲大陆的权力平衡。

1938年3月11日，纳粹德国兼并奥地利。4月，在希特勒的教唆下，位于捷克斯洛伐克境内日耳曼人聚居区苏台德地区的纳粹头子提出自治。7月英国首相尼维尔·张伯伦派出的代表团访问捷克，讨论和平解决苏台德问题。9月15日，实行绥靖政策的张伯伦亲自访问慕尼黑，与希特勒商讨苏台德问题。会谈中希特勒明确提出要捷克斯洛伐克割让苏台德，张伯伦表示同意，在得到法国的首肯后，两国驻捷克的公使于9月20日拜会总统贝奈斯，极力游说他接受希特勒的要求。得知消息后丘吉尔向伦敦新闻界发表了一份声明："这无疑是西方民主国家向纳粹武力威胁的彻底投降。"但是，情况到9月22日进一步恶化，希特勒提出了具体的时限：捷克政府必须在9月28日下午2时之前做出决定，否则德国就将发起进攻，英国的内阁表示无法接受，战争一时间似乎近在眼前。

　　9月28日，由墨索里尼出面邀请英法德意四国领袖到慕尼黑召开会议，一直幻想避免战争的张伯伦喜出望外，于次日赶到慕尼黑。丘吉尔认识到张伯伦有可能做出让步，因此想提议由反对党人和保守党中持反对意见的人士发表一个联合声明，敦促张伯伦坚持立场，但是无人附议。9月30日，慕尼黑会议结束，英法两国接受了希特勒的要求，迫使捷克从10月1日起撤军，否则战争一旦爆发英法将不会支援捷克。张伯伦带着希特勒一份保证不会有进一步领土要求的声明回到伦敦，以胜利者的姿态接受欢呼："在我国历史上这是第二次把光荣的和平从德国带回唐宁街。"

　　在议会，只有丘吉尔等少数人还在抨击绥靖政策，他称"我们已经遭到一次完全、彻底的失败"。他的发言引起一片抗议之声，但丘吉尔还是在嘘声中结束了自己的演讲。由于其反对绥靖政策的立场，丘吉尔还曾一度遭到自己选区的保守党党部弹劾动议，最终以3比2的信任票保住自己的议席。

　　1939年3月13日，德国吞并了捷克的剩余部分，斯洛伐克则在德国的支持下独立，宣告绥靖政策的彻底失败。张伯伦3月31日在下院发表演讲时保证，如果波兰遭受侵略，英国将予以支持。5个月后，第二次世界大战

正式爆发。丘吉尔后来将二战称为"非必然的战争",认为这次战争原本在开始时就可以轻易制止,但因英国人民的"不明智、麻痹大意和好心肠而让坏人重新武装"。

9月1日早晨,战争爆发后的数小时,张伯伦召见丘吉尔,邀请他加入战时内阁。9月3日,丘吉尔被重新任命为海军大臣。由于战事进展不顺利,下院议员们在1940年5月对张伯伦政府提出不信任动议案,将矛头指向张伯伦。5月8日,张伯伦政府仅以81票的多数获得信任案,但是张伯伦感到他无法继续执政,因此准备组建联合政府,并让出首相位置。他原本希望由外交大臣、绥靖政策的积极贯彻者哈利法克斯勋爵接任,但是无法得到丘吉尔的支持。张伯伦十分清楚,一旦丘吉尔离开,内阁就要垮台。此外工党也向张伯伦施压,十分明确地向他表明,工党将不会再支持由张伯伦或其亲信所领导的内阁。于是张伯伦只得向国王提出辞呈,并建议由丘吉尔组阁。

5月10日下午6时,国王召见丘吉尔,令其组阁;一小时后丘吉尔会见工党领袖艾德礼,邀请工党加入内阁并获得支持。3天后丘吉尔首次以首相身份出席下议院会议,发表了著名的讲话:"我没有别的,只有热血、辛

劳、眼泪和汗水献给大家……你们问:我们的目的是什么?我可以用一个词来答复:胜利,不惜一切代价去争取胜利,无论多么恐怖也要争取胜利,无论道路多么遥远艰难,也要争取胜利,因为没有胜利就无法生存。"下议院最终以381票对0票的绝对优势表明了对丘吉尔政府的支持。

上任后丘吉尔首先访问法国,他惊讶地得知法国即将投降,但是他向法国领导人表明,即使法国被打败了,英国仍将继续战斗。5月26日,丘吉尔下令撤出在法的英军,代号为"发电机计划"的敦刻尔克大撤退开始。在短短的8天中,被围困在敦刻尔克周围一小块地区的盟军奇迹般撤出33万多人,政府号召英国沿海居民利用自己的小艇救援在海峡对岸的士兵,连海军部的军官们也亲自加入到救援行列。6月4日丘吉尔在下院通报了敦刻尔克撤退成功,但是也提醒"战争不是靠撤退打赢的"。之后丘吉尔就发表了大概是二战中最鼓舞人心的一段讲话:"我们将战斗到底。我们将在法国作战,我们将在海洋中作战,我们将以越来越大的信心和越来越强的力量在空中作战,我们将不惜一切代价保卫本土,我们将在海滩作战,我们将在敌人的登陆点作战,我们将在田野和街头作战,我们将在山区作战。我们绝不投降,即使我们这个岛屿或这个岛屿的大部分被征服并陷于饥饿之中——我从来不相信会发生这种情况——我们在海外的帝国臣民,在英国舰队的武装和保护下也会继续战斗,直到新世界在上帝认为适当的时候,拿出它所有一切的力量来拯救和解放这个旧世界。"

6月13日,丘吉尔第五次也是最后一次以首相身份访问法国,他希望游说法国政府继续作战。但是很明显,法国政府已经决定投降。6月17日,戴高乐将军抵达英国,次

【参谋谈文化】

有些青年人追求时尚,不谈政治,实际上就是只关心自己的事情。社会就像一个巨大的滚动着的车,总有人在里面自顾自地行乐。所幸的是,总有人探出头来看看这辆车究竟跑在哪里。

日，丘吉尔在下院发表了另一篇鼓舞士气的讲话："让我们勇敢地承担义务，以致英帝国和她的联邦在1000年后人们也可以这么说：'这是他们最光辉的时刻。'"8月，不列颠战役正式打响，英德空军进行了人类历史上第一次大规模的空战。战役期间德军每天平均出动飞机1000架

次，而英国皇家空军的飞行员人数上处于劣势，一个人每天必须执行3次左右的任务。8月20日，丘吉尔在下议院赞扬英国空军飞行员的英勇表现："在人类战争的领域里，从来没有过这么少的人对这么多的人作出过这么大的贡献。"到了9月7日，德国决定停止空战，改以轰炸伦敦，这给英国一个喘息的机会，也是不列颠战役最重要的转折点。

从9月7日到11月3日，德军以每晚平均200架飞机的数量连续57天对伦敦进行轰炸，仅头两天就造成800多人死亡。这期间丘吉尔几乎每周都亲自到被炸现场视察。虽然丘吉尔不止一次地在被炸毁的房屋现场流下热泪，他依然以钢铁般的意志继续带领人民战斗。9月19日，希特勒决定无限期推延登陆计划，不列颠战争以英国的胜利告终。

丘吉尔与美国总统罗斯福良好的私人关系帮助英国在最关键的时刻获得了美国大量的支援物资。1940年7月，罗斯福不顾国内激烈的反对声浪，向英国出售包括50万支步枪、8万挺机关枪、1.3亿发子弹、100万发炮弹等武器弹药。8月，在丘吉尔的提议下，经过两国艰苦的磋商，以及罗斯福本人对美国国会的游说，美国最终同意向英国海军提供50艘驱逐舰，英国则以租赁的形式将其在海外的军事基地交给美国。到12月8日，英国的美元储备已经枯竭，45亿美元中的大部分已经用于订购所有美国愿意提供的武器军火。于是丘吉尔亲自写信给罗斯福，坦率地表明英国的资金短缺，但是依然希望美国能够帮助英国："如果大不列颠在这场斗争的高潮

【军校语录】

　　如果一个民族的文化从骨子里就是弱势文化属性,怎么可能去承载强势文化的政治、经济?衡量一种文化属性不是看他的积淀的时间长短而是看他与客观规律的距离。五千年的文化是光辉,是灿烂。这个没有问题。但是,传统和习俗得过过客观规律的筛子。

中被夺去它全部可以销售的资产,使得我们用鲜血赢得了胜利,拯救了文明,替美国争取了充分装备以防不测后却一贫如洗,那在原则上是错误的。"

　　罗斯福收到该信后提出以"租赁"的形式将武器弹药支援英国。两个月后,租赁法案在国会获得通过,在罗斯福12月30日的著名讲话中,称"我们必须成为民主国家的兵工厂"。

　　1941年6月22日,德国向苏联宣战。当晚丘吉尔就向全国民众发表讲话,称现在必须与从前的敌人苏联合作:"在过去的25年中,没有一个人像我那样始终一贯地反对共产主义。我并不想收回我说过的话,但是这一切正在我们眼前展现的情景对照之下,都已黯然失色了……任何对第三帝国作战的个人或国家,都将得到我们的援助。任何跟着希特勒走的个人或国家,都是我们的敌人。"1941年8月,丘吉尔出访美国,与美国总统签署了著名的《大西洋宪章》。12月7日,珍珠港事件发生,原本处于中立的美国也参战。丘吉尔相信,胜利已经不可扭转。12月22日,丘吉尔冒着被德国潜艇袭击的风险访问美国;1942年1月1日,丘吉尔代表英国和美国、中国以及苏联的代表在《联合国家宣言》草稿上签字,为战后的世界做出规划。之后丘吉尔又出席了雅尔塔会议、波茨坦会议等会议,与罗斯福、斯大林等领导人多次会面,商讨战后世界局势。

　　战争中丘吉尔与斯大林的关系是十分特殊的。丘吉尔是著名的反共分子,但是在二战中却愿意与斯大林合作对抗纳粹德国。从此之后盟军很快就解放了法国,然后开始向德国本土进攻。次年4月25日,盟军和苏联军队在德国中部的易北河会师,将负隅顽抗的纳粹德国拦腰截为两段。这激动人心的一幕通过照片迅速传遍整个世界,成为反法西斯战争欧洲战场出现胜利曙光,希特勒政权即将灭亡的最广为人知的象征之一。4月30日，希特勒自杀，5月7日德国宣布无条件投降，次日丘吉尔向英国人民宣告，英国已经赢得了第二次世界大战的胜利。温斯顿·丘吉尔公开表示,对他来说,纳粹主义和共产主义思想非常相似。他认为,纳粹是共产主义专制的一种形式,关于"可恨的共产党专制国家"的言论,是丘吉尔在1940年说的。

战后岁月

战争结束后,战时内阁也必须解散。5月23日丘吉尔辞职,并将大选定于7月5日举行。原本信心满满、认为凭借丘吉尔在战争中的功劳定能顺利胜选的保守党,却在大选中惨败,丘吉尔本人虽然当选议员,但是保守党只获得了197席,而工党却赢得393席,得以组阁,工党领袖克莱门特·艾德礼当选首相。这主要是因为工党提出的建设福利国家的目标对战后一贫如洗的英国社会有着极大的吸引力。带领英国人民走向胜利的丘吉尔却被抛弃了，他后来引用古希腊作家普鲁塔克的话说:"对他们的伟大人物忘恩负义,是伟大民族的标志。"7月26日,丘吉尔正式卸下了首相职务。

下台后的丘吉尔开始计划撰写第二次世界大战的回忆录,并多次提到建立一个统一的"欧洲合众国"的设想。1946年丘吉尔访问美国,在这次访问中他发表了著名的铁幕演说:"从波罗的海边的什切青到亚得里亚海边的的里雅斯特,一副横贯欧洲大陆的铁幕已经拉下。"在当时这篇演讲被媒体猛烈抨击,因为此时苏联和西方国家的关系还未破裂,很多人把丘吉尔看成战争贩子。但是今天丘吉尔的铁幕演说被认为是冷战开始的标志。丘吉尔也很早就提出要恢复德国的实力,共同抵御共产主义在欧洲的扩散。

在1951年的大选中，保守党重夺政权,丘吉尔再度出任首相。1953年伊丽莎白二世即位,授予丘吉尔最高荣誉嘉德勋章,并有意封丘吉尔为伦敦公爵以表彰其为英国所作出的贡献,但最终丘吉尔接受了其子伦道

> **【军校语录】**
>
> 人有两种能力是千金难求的无价之宝——一是思考能力,二是分清事情的轻重缓急,并妥当处理的能力。

夫的建议,拒绝了伦敦公爵的封号。12月10日丘吉尔又获得诺贝尔文学奖,"因为他精通历史和传记的艺术以及他那捍卫崇高的人类价值的光辉演说"。但这时的丘吉尔因为年事已高已经难以胜任首相一职,而且他又恢复到二战爆发之前的反共立场,发表了如"苏联会强加给英国一个盖世太保"等等的反共言论,这导致众人的不满,成为其日后辞职的一个重要因素。1954年11月30日是丘吉尔80岁华诞,议会两院在西敏寺为他举行隆重的庆祝活动。1955年4月5日,丘吉尔因健康原因辞职,当他走出唐宁街10号首相府官邸时他吸着雪茄,打出有名的"V"手势向群众致意,然后就坐上汽车,在人们的欢呼声中离去。

1965年1月24日,丘吉尔因中风去世。

个人生活

丘吉尔,20世纪最负盛名的政治家,活跃在英国及世界政治舞台达半个世纪之久。他的一生,就如同一部英国现代史的缩影。

1908年9月2日,丘吉尔与出生贵族却家境贫寒的克莱门蒂娜·霍齐尔结婚,当时丘吉尔担任海军大臣,大约有1400人出席了婚礼,国王还向这对新人赠送了一根刻有马尔巴罗家族族徽的手杖。丘吉尔一共育有5个孩子:戴安娜、伦道夫、莎拉、玛格丽特(夭折)和玛丽。其中莎拉后来成了一名电影演员,伦道夫则踏入政坛,成为一名保守党议员,但是却不如他的父亲那样成功。

1899年丘吉尔辞去军职,应伦敦《晨邮报》之约去非洲采访南非战争新闻。1900年参加保守党竞选获胜,进入国会,开始他的政治生涯。丘吉尔主张自由贸易,反对保护主义的关税政策。1904年他脱离保守党,成为自由党议员。1906年参加自由党竞选获大胜,担任自由党政府殖民副大臣,

1908年任阿斯奎政府的商务大臣。丘吉尔在商务部进行了许多社会改革：他完成了矿工每日8小时工作制的立法；他提出成立劳资协商会，设立政府办的劳动交易所解决失业问题等；他还致力于建立失业保险制度。

1911年丘吉尔改任内政大臣，同年10月又转任海军大臣。他主张海军要随时准备好应战，创立了海军参谋部，使英国海军超过逐步增长的德国海军力量。第一次世界大战爆发后，1914年8月2日他命令海军动员，保证准备好对德国作战。1915年他主张派兵攻打达达尼尔海峡，结果战事失利，损失惨重，因此被迫辞职。1916年他以无党派议员身份回到议会。1917年出任军需部长，重视坦克研制和生产，在战争后期发挥巨大作用。第一次世界大战结束后，1919年1月出任国防大臣，积极参与协约国干涉苏联。

1921年丘吉尔改任殖民大臣，1922年土耳其起义军即将强占英军驻防的达达尼尔中立地带，他极力主张采取坚定立场。内阁对这一事件的处理遭到公众舆论的反对，结果内阁垮台，他也离职。1924年11月他再次选入议会，出任保守党的鲍德温内阁的财政大臣。他提出恢复金本位货币制度，结果形成通货紧缩，失业增加，引起1926年总罢工。1929年保守党政府下台。1930年他和鲍德温彻底闹翻。1929年至1939年他没有在内阁担任任何职务，也未参加党派政治，专心从事写作。但是他一直对希特勒德国的威胁十分焦虑，曾一再大声疾呼加强国防，但未能引起政府的重视。1938年9月，张伯伦内阁参与签订慕尼黑协定，出卖捷克斯洛伐

克，他明确指出这是"全部彻底的失败"。1939年9月3日英国对德宣战，张伯伦任命他为海军大臣。

1940年至1945年和1951年至1955年，丘吉尔两度出任英国首相。第二次世界大战期间曾和罗斯福、斯大林一起制订同盟国的战略计划。第一次首相任期始于1940年5月10日，即希特勒闪击西欧的当天，丘吉尔出任英国战时内阁首相兼第一财政大臣、国防大臣，迅速把国民经济转入战时轨道。英军自敦刻尔克撤退和法国投降后，他坚定地领导英国及英联邦国家人民进行反法西斯战争，在不列颠之战中重创德国空军，粉碎了希特勒进攻英国本土的企图。

1941年6月22日希特勒进攻苏联的当天，丘吉尔迅速明确地表示"俄国的危险就是我们的危险"，保证援助苏联人民。1941年8月，他与罗斯福总统在加拿大纽芬兰的普拉森夏湾会晤，发布了关于对德战争的目的和战后和平的宣言，即《大西洋宪章》。以后他的政策就是和苏联、美国建立联盟。1941年12月7日，日本偷袭珍珠港，他立即与美国缔结一系列协议，其中包括两国的军事和经济资源由联合委员会统筹使用、成立联合参谋部和各战区的联合司令部。

1942年他和罗斯福共同拒绝开辟第二战场，他认为时机尚未成熟。盟军在北非登陆后，1943年1月他与罗斯福在卡萨布兰卡会晤，制订"无条件投降"方案未定稿。在1943年11月的开罗会议上，他向罗斯福建议把军事进攻重点放在地中海区，可是在德黑兰三国首脑会谈时盟军的主攻定在南欧。1945年2月雅尔塔会议上通过的问题大部分是在丘吉尔不参加的情况下由罗斯福和斯大林决定的。同年7月，他在参加波茨坦会议途中得知他的政府在议会选举中失败，不得不赶回英国。

工党掌权后，他担任反对党领袖。1946年3月，丘吉尔在密苏里的富尔顿发表他对战后世界的看法：共产主义已在欧洲安置一道铁幕，英美有必要联合起来,作为反对苏维埃共产主义威胁的和平保卫者;欧洲必须联合起来。1946年9月,他在苏黎世提议成立"欧洲议会",1949年他参加欧洲议会第一次斯特拉斯堡大会。在这个时期他忙于编写《第二次世界大战》。1951年保守党在大选中获胜,他再次就任首相。1953年获得嘉德勋位和诺贝尔文学奖。12月参加英、美、法三国首脑百慕大会议。1955年4月正式退休,但仍留

在下院。1959年又在选举中获胜,连任一届。这时他的另一部主要著作《英语民族史》四卷出版(1956—1958)。1963年4月9日美国国会授予他荣誉美国公民称号。

丘吉尔是一名优秀的作家和历史学家,他最著名的作品是《第一次世界大战回忆录》,六卷本的《第二次世界大战回忆录》,还创作了《伦道夫·丘吉尔勋爵传》《英语民族史》等多部小说和回忆录。1953年获诺贝尔文学奖。此外他十分喜欢绘画,年轻时曾有多幅作品在拍卖会上被买走。

晚年生活

1956年4月,丘吉尔访问联邦德国,因其对推动欧洲一体化的贡献而被授予"查理曼奖";1958年11月,丘吉尔访问巴黎,获戴高乐总统授予"解放奖章";1959年11月,丘吉尔继承了"下院之父"的称号。1963年4月,美国国会通过决议,授予丘吉尔美国荣誉公民称号,丘吉尔是第一个获此殊荣的人士。1965年1月24日,丘吉尔因中风去世。巧合的是,丘吉尔的父亲也是在70年前的1月24日去世的。丘吉尔活了91岁。

英国政府为丘吉尔举行了国葬。他的灵柩在西敏寺停放,供民众吊唁,议会也休会3天;灵柩由议会议长和3名政党领袖以及国防和海陆空参谋长守护,大约有32万民众前来向丘吉尔致敬,包括几十位各国的国

家元首和领导人。根据丘吉尔的遗愿,仪式结束后灵柩用游艇运到滑铁卢火车站,在那里鸣礼炮19响,然后用火车把灵柩运到他的出生地布伦海姆宫附近的布雷顿教堂公墓中,与他的父母亲葬在一起。

然而丘吉尔的声望并没有因为他的去世而有丝毫的暗淡,时至今日,丘吉尔依然被大多数英国人看作是最伟大的首相。在2002年由BBC主办的"最伟大的100名英国人"票选活动中,丘吉尔高居榜首。

个人影响

英国首相温斯顿·丘吉尔是在第二次世界大战期间,带领英国人民取得反法西斯战争伟大胜利的民族英雄,是与斯大林、罗斯福并立的"三巨头"之一,是矗立于世界史册上的一代伟人。丘吉尔出身于声名显赫的贵族家庭。他的祖先马尔巴罗公爵是英国历史上的著名军事统帅,是安妮女王统治时期英国政界权倾一时的风云人物;他的父亲伦道夫勋爵是19世纪末英国的杰出政治家,曾任索尔兹伯里内阁的财政大臣。祖先的丰功伟绩、父辈的政治成就以及家族的荣耀和政治传统,无疑对丘吉尔的一生产生了十分巨大的影响,在他成长为英国一代名相的过程中具有关键性作用。他们为丘吉尔提供了学习的榜样,树立了奋斗目标,也培育了他对祖国的历史责任感,成为丘吉尔一生孜孜不倦地追求和建功立业的强大驱动力。丘吉尔未上过大学,他的渊博知识和多方面才能是经过刻苦自学得来的。他年轻时驻军于印度南部的班加罗尔,在那里有半年多的时间里他"每天阅读四小时或五小时的历史和哲学著作"。

自那以后,丘吉尔从柏拉图、吉本、麦考利、叔本华、莱基、马尔萨斯、达尔文、王尔德等著名思想家、哲学家、历史学家和生物学家的著作中吸取了丰富的思想营养,为他以后从政带来巨大作用。这使他的思想更加深刻,人生信念更加坚定,也使他成长为"我们生活的时代里最杰出和多才多艺的人"。

> 【参谋谈文化】
>
> 历史有自己的步伐,政治是满足部分人的需求,民主是一种文化,苦难是众生的影子。

个人荣誉

1953年因《二战回忆录》，获得诺贝尔文学奖。曾于1940年至1945年及1951年至1955年期间两度任英国首相，被认为是20世纪最重要的政治领袖之一，带领英国获得第二次世界大战的胜利。

丘吉尔的头上戴有许多流光溢彩的桂冠，他是著作等身的作家，辩才无碍的演说家，经邦治国的政治家，战争中的传奇英雄。他一生中写出了26部共45卷（本）专著，几乎每部著作出版后都在英国和世界上引起轰动，获得如潮好评，被翻译成多国文字在世界各国广为发行，以至于《星期日泰晤士报》曾断言："20世纪很少有人比丘吉尔拿的稿费还多。"

他在一生中多次经历的议员竞选中，在议会的辩论中，尤其是在第二次世界大战中的重要时刻，发表了许多富于技巧而且打动人心的演讲，给人们留下了极深的印象。他来生最愿意做的事也是想跟某人对话：他的来生是想与王尔德对话。丘吉尔之所以青睐奥斯卡·王尔德，很大程度上是因为王尔德的机智与辩才。

瑞典文学院在授予他诺贝尔文学奖的颁奖词中说："丘吉尔成熟的演说，目的敏捷准确，内容壮观动人，犹如一股铸造历史环节的力。丘吉尔在自由和人性尊重的关键时刻的滔滔不绝的演说，却另有一番动人心魄的魔力。也许他自己正是以这伟大的演说，建立了永垂不朽的丰碑。"S·席瓦兹院士在颁奖词中还说："丘吉尔在政治上和文学上的成就如此之大，此前从未有过一位领袖人物能两样兼备而且如此杰出。"

的确，为丘吉尔树立了永垂不朽丰碑的不仅是他的作品和演讲，还有他作为一个政治家和反法西斯斗士的光辉业绩。他一生中的大部分时间都当选为议员，曾多次在内阁中担任要职。他经历了许多次政治上的升沉

【军校语录】

当我们得到理解的时候，智慧是不断地枯竭的；智慧同智慧相碰，就迸溅出无数的火花。

起伏，每次都以不屈不挠的努力，从不畏惧的斗志战胜艰难险阻而达到自己的目的，最终登上了光辉的顶峰，在英国处于历史危机的严峻关头，成为众望所归的政治领袖。

连他政治上的对手也说："丘吉尔是大家一致认为永远不能成为首相的人，可是他同样也是在这危急关头获得大家一致欢迎，认为是唯一可能出任领袖的人。人们不能不喜欢他，他的才能与朝气是无与伦比的。"

在通向胜利的漫长岁月里，丘吉尔在其演讲中多次发出战斗到底的誓言，表达了英国人民的心声。他说："我们将永不停止，永不疲倦，永不让步，全国人民已立誓要负起这一任务：在欧洲扫清纳粹的毒害，把世界从新的黑暗时代中拯救出来。我们想夺取的是希特勒和希特勒主义的生命和灵魂。仅此而已，别无其他，不达目的，誓不罢休。"

丘吉尔在世人心目中已成为英国人民英勇不屈的斗争精神的集中象征。

外界评价

《星期日泰晤士报》评论说："今天，温斯顿·丘吉尔不仅是英国精神的化身，而且是我们的坚强领袖。不仅英国人，整个自由世界都对他无比信任。"还值得注意的是，丘吉尔是有名的顽固反共人物。但在第二次世界大战的关键时刻，在处理对苏关系问题上，他以一个杰出政治家的巨大勇气和高度灵活性，从英国人民的根本利益出发，完成了英国政治和他本人政治生涯中的重大历史性转折，毫不犹豫地与苏联结为盟国，使不同意识形态下的反法西斯力量在特定的历史条件下结成了统一战线，从而保证了赢得战争的最后胜利。斯大林称赞丘吉尔是"百年才出现一个的人物"。

此外，还可以称丘吉尔为预言家、发明家、战略家、外交家。他早在20世纪30年代对未来战争中的一些重大技术发展所做的预见，后来都变成了现实；他以超乎寻常的惊人敏感和极大的勇气，冒着和平主义浪潮的巨大压力和"在政治上几乎有被消灭的危险"，一天也不放弃向国人发出预言式的战争警告，使英国人做好了战争来临的精神准备。他在用雷达侦察来袭敌机

的方法正式使用前4年就提出对此问题的研究。他因动用海军经费改进和大量建造"陆地行舟"，使轮式装甲汽车演变成为威力巨大的现代坦克而被尊为"坦克之父"。他主持制定了二战中的许多战略计划。他亲自着意培育了在当时乃至后来左右世界政治格局的英美关系。总之，丘吉尔是一位人生内涵极为丰富的传奇人物。

丘吉尔的香烟

据英国《每日电讯报》报道，有游客发现，在一张1948年拍摄的丘吉尔的照片中，丘吉尔的手摆出象征胜利的"V"字形，而嘴角叼着一根雪茄。这张照片的复制品近日被挂在伦敦一家博物馆的入口，但是照片上的雪茄消失了。目前，还不知道是谁"弄没了"那支雪茄，因为馆方和丘吉尔家族成员都表示没有对图片动过手脚。

历史风云人物、英国前首相丘吉尔嗜抽雪茄，几乎所有的历史图片中他都是抽着雪茄的，因此雪茄被认为是他的标志性符号。在博物馆外的这张照片中，丘吉尔做着一个胜利手势，同时抽着雪茄。不过在博物馆内的其他展区，丘吉尔持烟照片则都完好无损。

据说，丘吉尔一生中吸过的雪茄的总长度为46公里，吸食雪茄总重量为3 000公斤，是世界上吸雪茄吉尼斯纪录的保持者。英国媒体对此开玩

笑说,可能是反烟团体半夜拆走海报用PS修图,强迫历史人物戒烟,这是十分新型而有效的方法,可以更好地督促人们戒烟。

丘吉尔的经典照片

1941年1月27日,刚开完会的丘吉尔来到唐宁街10号休息。然而,抽着雪茄的丘吉尔显得过于轻松,跟摄影师卡什所设想的领袖神韵不符,于是卡什走上前去,把雪茄从这位领袖的嘴里拿开。丘吉尔吃了一惊,他被卡什的举动激怒了。就在他怒视卡什的一刹那,卡什按下了快门。这张照片在世界广为流传,成为丘吉尔照片中最著名的一张。

丘吉尔庄园

有人说,古罗马人学会了奢华,就有了名利的庄园;英国人看透了工业,就有了乡村的庄园;俄国人得到了农奴,就有了贵族的庄园;法国人创造了葡萄酒,就有了飘满酒香的庄园。

英国保守党领袖鲍德温曾经说过,英国就是乡村,乡村就是英国。这是名言,也是标准英国人的箴言。英国的贵族们乐得做个乡下人。我们来到位于牛津郡伍德斯托克镇附近的丘吉尔庄园。从牛津坐公交专线到丘吉尔庄园只要半个小时左右。英前首相温斯顿·丘吉尔于1874年诞生于此,死后葬于附近的布雷顿教堂。

丘吉尔庄园建于1705年,当时安妮女王将牛津附近数百公顷的皇家猎场赐予了马德罗一世公爵约翰·丘吉尔(温斯顿·丘吉尔的祖先),以表彰他在1704年8月击败法军的赫赫战绩。在丘吉尔庄园东门上立有碑文:在慷慨的

君主幸运之光照耀下，这所房屋建给约翰·马德罗公爵及其夫人萨拉，由温布勒先生在1705年到1722年建成。伍德斯托克的王室荣誉称号及该建筑物均由女王陛下安妮赐给，并经议会所确认。安妮女王当时还表示，英国能在战场上打败法国，在建筑方面也应高出法国一筹。

当马德罗公爵继续为他的女王不断带来好消息的时候，其敌对势力则想方设法破坏女王对他的厚爱。结果，批准给他建造庄园的资金没有到位。在1712年，建造庄园的所有工作被迫停止。女王安妮逝世后，马德罗公爵和夫人用自己的钱来完成这个庄园的修建工作。这座庄园工程浩大，总共花了17年才全部竣工，结果反倒是这位公爵在有生之年未能看到宫殿的全貌。而这时距离前首相温斯顿·丘吉尔的诞辰之日还有169年。

丘吉尔庄园是英国最大的私人宅院，丘吉尔庄园的中心建筑是布兰姆宫(以此纪念布兰姆战役)，宫内装饰富丽堂皇，保存着大量油画、雕塑、挂毯和许多精美家具。宏伟的大厅中是詹姆斯·桑希尔于1716年绘制的天花板：按照战争的顺序展开，展现了马德罗的胜利。长长的图书馆最初被设计为画廊，这个55米长的房间显示了一些宫殿内最好的装饰。室内放有

女王安妮、国王威廉姆尔伯勒马德罗二世和第一任公爵马德罗的全身雕像。餐厅中，桌子与银色的镀金明顿餐具摆放在一起。大理石门上面，饰有公爵作为罗马帝国王子时的有两个头的鹰章。

这座充满田园气息的大庄园，号称比英国皇宫还美，花了整整17年才全部完成，不少英国人喜欢拿它跟欧洲第一大的凡尔赛宫相比。

这座庄园目前仍然属于丘吉尔家族，有贝尼尼（1598—1680，著名意大利雕塑家）的水神喷泉，詹姆斯爵士（1675—1734，英国著名画家）的天顶画，范布勒爵士（1664—1726，英国建筑大师）的巨大几何形花坛，前朝赏赐的昂贵的波斯地毯及奢侈的银质和瓷器餐具，等等，因此整个庄园仍然保持着非常私密的家园氛围。

丘吉尔演讲

星期五晚上，我接受了英王陛下的委托，组织新政府。这次组阁，应包括所有的政党，既有支持上届政府的政党，也有上届政府的反对党，显而易见，这是议会和国家的希望与意愿。我已完成了此项任务中最重要的部分。战时内阁业已成立，由5位阁员组成，其中包括反对党的自由主义者，代表了举国一致的团结。三党领袖已经同意加入战时内阁，或者担任国家高级行政职务。三军指挥机构已加以充实。由于事态发展的极端紧迫感和严重性，仅仅用一天时间完成此项任务，是完全必要的。其他许多重要职位已在昨天任命。我将在今天晚上向英王陛下呈递补充名单，并希望于明日一天完成对政府主要大臣的任命。其他一些大臣的任命，虽然通常需要更多一点的时间，但是，我相信会议再次开会时，我的这项任务将告完成，而且本届政府在各方面都将是完整无缺的。

我认为，向下院建议在今天开会是符合公众利益的。议长先生同意这个建议，并根据下院决议所授予他的权力，采取了必要的步骤。今天议程结束时，建议下院休会到5月21日星期二。当然，还要附加规定，如果需要的话，可以提前复会。下周会议所要考虑的议题，将尽早通知全体议员。现在，我请求下院，根据以我的名义提出的决议案，批准已采取的各项步骤，将它记录在案，并宣布对新政府的信任。

组成一届具有这种规模和复杂性的政府，本身就是一项严肃的任务。但是大家一定要记住，我们正处在历史上一次最伟大的战争的初期阶段，我们正在挪威和荷兰的许多地方进行战斗，我们必须在地中海地区做好准备，空战仍在继续，众多的战备工作必须在国内完成。在这危急存亡之际，如果我今天没有向下院作长篇演说，我希望能够得到你们的宽恕。我还希望，因为这次政府改组而受到影响的任何朋友和同事，或者以前的同事，会对礼节上的不周之处予以充分谅解，这种礼节上的欠缺，到目前为止是在所难免的。正如我曾对参加本届政府的成员所说的那样，我要向下院说："我没什么可以奉献，有的只是热血、辛劳、眼泪和汗水。"

摆在我们面前的，是一场极为痛苦的严峻的考验。在我们面前，有许多许多漫长的斗争和苦难的岁月。你们问：我们的政策是什么？我要说，我们的政策就是用我们全部能力，用上帝所给予我们的全部力量，在海上、陆地和空中进行战争，同一个在人类黑暗悲惨的罪恶史上所从未有过的穷凶极恶的暴政进行战争。这就是我们的政策。你们问：我们的目标是什么？我可以用一个词来回答：胜利——不惜一切代价，去赢得胜利；无论多

么可怕,也要赢得胜利,无论道路多么遥远和艰难,也要赢得胜利。因为没有胜利,就不能生存。大家必须认识到这一点:没有胜利,就没有英帝国的存在,就没有英帝国所代表的一切,就没有促使人类朝着自己目标奋勇前进这一世代相传的强烈欲望和动力。但是当我挑起这个担子的时候,我是心情愉快、满怀希望的。我深信,人们不会听任我们的事业遭受失败。此时此刻,我觉得我有权利要求大家的支持,我要说:"来吧,让我们同心协力,一道前进。"

桑赫斯特小百科

新学员入学桑赫斯特皇家军事学院后,头 5 周的生活排得满满的。新学员忙得抬不起头,目的是使自己由老百姓变成军人,组成一个集体。最初的标准是学会理发、擦皮鞋、换装、清扫房间,还要接受不断的检查、训话等等。这的确是艰苦的锻炼。学员要获得荣誉剑、女王奖章是相当难的。

第三章 桑赫斯特的军人精神

职责、才能、责任，这是桑赫斯特皇家军事学院的军人精神，也是办校宗旨。桑赫斯特皇家军事学院要求军官学员全面了解自己所从事的职业及担负的职责，要有基本的领导和管理才能、纪律观念和责任感。

第一课　职责与荣耀

> **大学名言**　政治社会的建立并不是为了别的目的，而仅仅是为了保障每个人今生财产的所有权。

20世纪70年代，英国皇家陆军部曾宣布：凡要到正规陆军去就任的军官必须经过桑赫斯特陆军学院培训。这个规定就证明了这所军校在英国社会的地位。数百年光辉悠久的历史，数百年坚持不懈的奋斗，造就了桑赫斯特无比的辉煌和荣耀。人们不禁要关注、追寻：学院为何如此辉煌？

桑赫斯特皇家军事学院的院长为少将军衔，副院长一般是上校军衔，学院的日常教学与管理工作由教务处长负责。学院编制教职员工260多人，文职教官约占50%～60%，在校学生保持在700人左右。

该学院招收17～25岁的学员，每年招生3次，每次招250名，其中大约有40～50名女生。报考该军事学院的学生一般要接受为期4天的体检和现役军官挑选委员会所组织的考试。考试内容包括：重大国际政治问题和内政问题、命题作文、忍耐力和小分队指挥能力等。

学院招收应届高中毕业生的范围较为广泛，约有三分之一来自英国官办和私立学校，三分之一来自英国的普通中学，因获得陆军奖学金而

【经典语录】

　　自己不能胜任的事情，切莫轻易答应别人，一旦答应了别人，就必须实践自己的诺言。

入学的男中学生占8%，由陆军韦贝克学院的6年级学生考入的占12%。立志爱好科学和实用技艺的16岁男生，先期进入该学院接受军事技术训练和理论教育，取得优等成绩者可以直接升入桑赫斯特皇家军事学院。

　　学院还接收大学毕业生入学，凡学完军事课程的所有大学生，可获准增加2～3年的军龄，技术军官追加的军龄还可更长一些。

　　在从部队士兵中直接招收的学员中，约有31%来自陆军，他们中的一些人入伍时就被列入预备生源，首先完成一段时间的相应训练之后，即可参加学院的招考，目的是将他们培养成为未来军官，他们的入学年龄限制在18～29岁之间。

　　桑赫斯特军事学院教育训练的目的是使学员全面了解自己所从事的职业以及所担负的责任，培养基本的领导和管理才能、纪律观念和责任感，培养合格的领导人才，并为军兵种年轻军官提供所需的基础知识，以使他们适于担任初级指挥官。

学院负责训练同军队签订服役合同的地方大学生。地方大学的学生同军队签订服役合同后，在大学学习期间要到桑赫斯特军事学院进行两个月的军事训练。训练结束后，他们可获临时中尉军衔和助学金。大学毕业后，他们将作为见习军官再次到桑赫斯特军事学院的陆军训练班接受训练，然后再按合同到部队服役。

桑赫斯特军事学院虽然培育的是初级指挥人员，但它对英国军队和社会的影响却是巨大的。目前，这所军校按照"当好军事领导者"这条校训，以英国人的精细和英国陆军的自豪昂首阔步向前迈进。

桑赫斯特小百科

　　桑赫斯特皇家军事学院为了培训军队不同层次、不同职位的人才，设有预科班、标准军事班、正规职业军官班、大学毕业生标准军事班、妇女军官班等。学院设有标准军事课程、正规职业军人课程、标准研究生课程、皇家妇女队课程和罗阿伦连课程五种课程，同时还为专业兵、地方军、志愿后备役军官设了一些短期课程。

第二课　既是领导者也是服从者

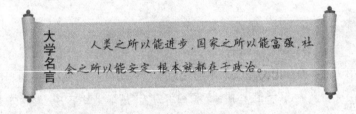

　　桑赫斯特军事学院教育训练的目的是:培养合格的领导人才,并为军兵种年轻军官提供所需的基础知识, 以使他们适于担任初级指挥官。自1947年起,桑赫斯特军事学院的校训为"当好军事领导者"。

　　在英国的桑赫斯特皇家军事学院,有两个特别之处:一是英国皇室成员威廉王子和哈里王子都曾在此受训;二是作为一所军事院校,桑赫斯特为巴克莱、大东电报局、葛兰素史克和可口可乐英国分公司等企业开办了商业培训课程,目的是将军事院校的培训课程应用到企业领导的培训上。

　　在桑赫斯特皇家军事学院幽静的校园外面,可以看到英国著名企业或公司的员工在宽阔的林地安营扎寨。这些员工是技能熟练的工匠、大学毕业生和办公室职员,他们都被视为具有经理人潜质的人。他们来到桑赫斯特皇家军事学院,接受为期44周的领导才能培训。

　　一位学员表示:"与刚来参加培训时相比,我已经是另一个人了。"另一位学员表示:"你必须全心体验,把怀疑放在一边,沉浸在培训的场景中,这样你就能从中获得更多东西。"而这些,正是企业希望看到的结果,因为它们正在增强对领导才能、团队建设和人力管理的关注,以提高企业运转效率。培养领导者并非易事,培训工作表现优异的员工,正是为了确保他能成为一个成功的领导者。

> **【参谋谈文化】**
>
> 真理反对真理,并且为捍它自己的正当主张,不仅必须反对非正义,而且还反对其他真理的正义主张。

英国的知名企业家认为,桑赫斯特提倡的英国陆军领导概念与现代企业有着紧密联系,特别是这里保留着在21世纪看来有些古怪甚至是多余的传统。该院负责培训事宜的军官表示,为期44周的培训计划始终一成不变,即使是威廉王子和哈里王子在此受训时也是如此。

有些企业希望培养员工成为高管或首席执行官所需的素质,而这些正是该学院的核心价值观,其主要目的就是向学员灌输责任感、榜样观和领导能力。这些价值观的具体表现形式就是一些非常苛刻的规则,每当新学员入校时,培训官员都会表示:"你能始终遵守这种守则吗?你必须做到好上加好,因为你站在高处,如果摔下来,就会摔得很惨。"这和现代首席执行官承担的责任极其类似。

当然,企业派员工前往桑赫斯特学院并非希望他们回来时像个军官,或是希望他们体验军官培训课程中较为艰苦的方面。例如,在桑德赫斯特受训的第六周,学员受命围绕威尔士山进行36个小时的行军,以强调在完成任务过程中团队合作的至关重要性。

除了培养领导者的才能以外,他们还注意灌输服从者才能。桑赫斯特军事学

院一直以培养值得信赖的领导者为使命,为英国军界、政界、商界、教育界等领域造就了大批杰出的领导人才,被誉为是"领导者的摇篮"。桑赫斯特军事学院训练学员的领导能力时,第一课教的却是如何服从。

服从的角色,就是遵循指示做事。服从的人必须暂时放弃个人的独立自主,全心全意去遵从所属机构的价值观念。不论在任何机构,领导的权力必然有其极限。领导者的地位再高,还是必须向一个更高的权威负责。

在桑赫斯特的领导力培训课程中,"服从者才能"的概念是被特别强调的。培训课程的商业组织者佩尔金斯表示:"军队的成功不是因为有英雄式的领袖,它们的成功还需要有一个由得力的服从者组成的非常强大的团队。"这与军事方略是一致的:在任何时候,军官都既是一名领导者,也是一名服从者。

桑赫斯特小百科

　　正规职业军人课程,是为在桑赫斯特皇家军事学院学习时申请终身服役并在毕业后到部队任职 2~4 年的军官或在部队任职期间决定转为终身服役并获得推荐的军官开设的,学制为24 周。课程主要内容是战略研究、民主社会与军队、国防事务、军事技术、法语或德语、语言表达等,全部讲授理论,目的在于使正规军官对其职业有一个广泛的认识,提高他们出主意和表达的能力,使他们接近或赶上大学毕业的军官,为其今后的发展打下坚实的基础。

第三课　桑赫斯特名人榜——伯纳德·蒙哥马利元帅

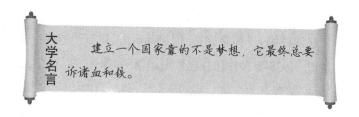

大学名言

建立一个国家靠的不是梦想，它最终总要诉诸血和铁。

人物简介

伯纳德·劳·蒙哥马利（Bernard Law Montgomery，1887年11月17日至1976年3月25日），英国陆军元帅。第二次世界大战中盟军杰出的指挥官之一。1943年，蒙哥马利参加攻占西西里和登陆意大利，1944年统率盟军进入法国，6月6日指挥盟军进攻诺曼底，取得了诺曼底登陆作战的胜利。后晋升陆军元帅，受封子爵，1946年至1948年任帝国总参谋长。蒙哥马利生前曾几次会见毛泽东，留下了许多鲜为人知的往事。蒙哥马利始终是一位谨慎、彻底的战略家。他坚持在每次出击以前，在人力、物力上做好充分准备，虽然对于战争来讲，延缓了进程，但却稳妥可靠，并保证了他在部下当中的声威。

蒙哥马利著有《蒙哥马利回忆录》《通向领导的道路》《战争史》等书。

军人履历

伯纳德·劳·蒙哥马利出生在伦敦肯宁敦区圣马克教区的一个牧师家庭。1901年他14岁时才正式上学,文化成绩低劣,但体育成绩极棒。1907年奇迹般考入了桑赫斯特皇家军事学院。1908年12月毕业后,加入了驻印度的皇家沃里克郡团,当上少尉排长。

第一次世界大战期间,蒙哥马利曾在法国、比利时战场服役。曾负重伤,差点送命。1918年大战结束时,任师司令部中校一级参谋。1920年1月,蒙哥马利跨进坎伯利参谋学院的大门,同年12月毕业后,参加过爱尔兰战争。1926年1月,被调回参谋学院任教官。1934年调任奎塔参谋学院主任教官。

1937年起调任第9步兵旅旅长,因带兵有方,得到当时南部军区司令韦维尔的赏识。1938年10月任驻巴勒斯坦第8师师长,参与镇压巴勒斯坦人的武装暴动,被晋升为少将。1939年8月,调回国内接任以"钢铁师"著称的第3师师长。

第二次世界大战爆发后,蒙哥马利率第3师随同英远征军横跨英吉利海峡,进入法国。1940年5月,德军闪击西欧时,他与法、比军队并肩作战,后被迫随英远征军从敦刻尔克撤回英国。蒙哥马利曾参加指挥敦刻尔克大撤退。1940年先后任第5军、第12军军长。12月又升任英格兰东南军区司令,负责选拔、调整、培养各级指挥官,严格训练部队,提高军事素质。

1942年7月,北非沙漠中的英国第8集团军,被"沙漠之狐"隆美尔的德国非洲军团击败,退守埃及境内的阿莱曼地区。1942年8月4日,丘吉尔任命蒙哥马利将

军为第8集团军司令。蒙哥马利的到来改变了一切。他得到丘吉尔的支持,英国的密码破译专家向他提供了隆美尔的战术计划的全部概况。蒙哥马利精心积聚力量,1942年10月23日至11月4日在阿拉曼地区率部与德、意军队激战,挫败德国"沙漠之狐"隆美尔,从而扭转了

【参谋谈军事】

　　战争满足了,或曾经满足过人的好斗的本能,但它同时还满足了人对掠夺、破坏以及残酷的纪律和专制力的欲望。

北非的战局。他由此声誉大振,被人们称之为捕捉"沙漠之狐"的猎手。随后第8集团军与盟军配合,于1943年5月在突尼斯全歼北非残敌。阿拉曼战役后,蒙哥马利受封为爵士,并晋升为陆军上将。

　　1943年7月,他率英军第8集团军在意大利西西里岛登陆。9～12月,协同美军实施进军意大利南部的战役。1944年1月,调任第21集团军群司令兼地面部队司令,参与诺曼底登陆战役的计划制定工作。1944年6月,蒙哥马利协助艾森豪威尔指挥诺曼底登陆。9月1日晋升为陆军元帅。此后,率领英国和加拿大部队转战法、比、荷、德。1944年9月指挥制定计划并指挥市场花园行动作战,没有达到最终的目的。

　　1945年,他指挥第21集团军群横渡莱茵河进入德国本土;5月,他代表盟军在吕讷堡荒原接受德军北方兵团的投降,任驻德英国占领军司令和盟国对德管制委员会英方代表。1946年成为嘉德勋爵士并封子爵。1946年至1948年任帝国总参谋长。1948年至1951年任西欧联盟常设防务机构主席。1951年至1958年任北大西洋公约组织军队副司令。

　　1958年,蒙哥马利结束了50年的军旅生涯退休。他是英国历史上服役最久的将领。1960年和1961年,他两次访问中国。1960年5月24日,蒙哥马利访华。5月27日晚上,毛泽东主席在上海会见了蒙哥马利。1961年9月,蒙哥马利第二次访华。这一次中国外交部做了周密安排:9月9日至20日访问包头、太原、延安、西安、三门峡、洛阳、郑州、武汉,回北京后由周恩来跟他会谈,届时再同毛泽东见面。周恩来还特意要熊向晖以外交部办公厅副主任的名义参加接待小组,陪蒙哥马利去外地。周总理说:"要放手让蒙哥马利看,旧中国遗留下的贫穷落后和新中国取得的成就都是客观存在的,让

他自己看后去做结论,从本质上了解中国。"

1976年3月25日,蒙哥马利在英格兰汉普郡奥尔顿逝世。终年89岁。

阿拉曼战役

就在斯大林格勒战役进行的同时,北非战场上同样进行着一场激烈的拼杀。1942年10月23日,由英国第8集团军司令蒙哥马利率领的盟军向德国隆美尔率领的德意联军非洲军团发起了进攻。经过12天的激烈厮杀,盟军终于在11月4日胜利地结束了整个战役,歼敌5.5万人,击毁坦克、装甲车350辆。这是一场扭转北非战场的关键性战役,战役的胜利保证了盟军从中东通往苏伊士运河这条供应线的畅通,在士气上对盟军的意义更是非同小可。英国前首相丘吉尔曾评价说:"在阿拉曼战役前,我们从未打赢过一仗;但在阿拉曼战役后,我们所向无敌。"

为了保证战役的胜利,一代军事帅才蒙哥马利同样是绞尽脑汁,最终将计就计,为自己的老对手隆美尔精心设计了连环套,为阿拉曼战役的胜利奠定了基础。1942年8月,他请伦敦监督处中东特派组的指挥官克拉克上校以隆美尔间谍"康多尔小组"的名义给隆美尔发了一封电报,称英军准备在阿拉曼防线南端的阿拉姆哈勒法山岭组织抵抗,但防御力量很薄弱,如发起进攻,很容易突破英军阵地。

几天后,克拉克又发出第二封电报,报告了英军的防御命令。隆美尔对电报内容深信不疑。为进一步引诱隆美尔,蒙哥马利还命令绘图员绘制了一张假地图,上面标明拉吉尔地区是一片"硬地",便于装甲部队行动,并让德甘冈设法送到德国人手里。

1942年8月30日夜,隆美尔下达了进攻命令,想用突然袭击,一举突破英军防线。出发不久,就遇到了英军的一个新雷区。隆美尔立即命令工兵排雷,但此时空中突然出现了英军飞机,投下的照明弹将大地照得如同白昼,紧接着就是猛烈的轰炸。德军费了九牛二虎之力,挣扎着过了雷区。

【军校语录】

极端的命运是对智慧的真正检验,谁最能经得起这种考验,谁就是大智大慧。

　　31日凌晨，德军与英国装甲部队展开激烈的交火。战斗中，隆美尔吃惊地发现，原来设定的英军一个装甲师竟然变成了3个。隆美尔别无选择，只能硬着头皮前进。此时，地图上的"硬地"逐渐变成了沙漠，几百辆坦克、装甲车和卡车在"硬地"上东倒西歪地挣扎着前进。英国空军的飞机从早到晚不停地轰炸，伤亡报告不停地送到隆美尔手上。

　　这时，他接到报告，说燃油即将耗尽，3艘油料供应船在离开意大利横渡地中海时被英军击沉。9月4日凌晨，隆美尔终于下达了总撤退的命令，结束了这场恐怖的阿拉姆哈勒法战役。

　　1942年10月23日夜，随着蒙哥马利的一声令下，英军手中的数千门美制"谢尔曼"坦克炮弹齐发，共歼灭敌军5.5万人，击毁坦克、装甲车350辆。但因英军冲击不果敢，行动迟缓，未能全歼德意联军。尽管如此，此役仍是第二次世界大战非洲战场的转折点。从此，战争主动权落入英军手中。

成长经历

　　蒙哥马利将军的父亲34岁时，娶了比自己小16岁的妻子。事实上，母亲结婚时还是一个少女。这是一个典型的"老夫少妻"型家庭，丈夫对妻子宠爱有加，久而久之，让年轻的妻子养成了任性骄纵的习惯，动辄发脾气。而且，她还有洁癖，十分讨厌肮脏和不整洁。而小时候的蒙哥马利十分顽劣，上树掏鸟窝，下河摸泥鳅，除了惹是生非给父亲添麻烦外，还整天把自己弄得跟泥猴儿似的，让母亲对他十分头疼。

　　母亲还年轻，没有足够的耐心忍受他一次次地把自己整理好的东西弄得乱七八糟。更何况，他还只是父母4个孩子中的一个，因此，母亲越来越不喜欢他。一次，父亲送给母亲一个漂亮的金鱼缸，母亲非常喜欢，也非常珍惜，不让孩子们靠近。这更激起了他的好奇心，于是，他偷偷地接近了鱼缸……结果，不小心他把鱼缸打破了，然后母亲给他下了个结论："伯纳德，除了当炮灰，你将来什么也做不成、做不来。"

【军校语录】

所谓智，便是指人们的聪明智慧；所谓谋，便是指人们对问题的计议和对事情的策划。智是谋之本，有智才有谋，所以智比谋更重要。

年轻的母亲当时也许并没有意识到这句话给他带来了多大的伤害，然而，他当时即震惊了。他不敢相信，自己的母亲会这样诅咒他。性格开朗顽劣的他由此性情大变，开始变得小心翼翼。他开始每天观察母亲的眼神，看她今天的脾气是好是坏，因此决定他今天做什么事。一般说来，男孩都是粗心大意的，然而，他却能从母亲哪怕一个不经意的动作感觉到她的情绪，然后再针对她的情绪做事情，做她要做的事情。

在这样的家庭环境下，他意外地培养了自己的观察力和意志力。因此他很小的时候就觉得，世界上连母亲都不可以依赖，其他人就更不能依靠了。所以他习惯在他人的非议中做他要做的事，而且一旦做，就无怨无悔。

蒙哥马利将军的确是不幸的，因为他有一个不称职的母亲。但他同时又是幸运的，因为他在母亲的漠视中并没有沉沦下去。此后，他毕业于桑赫斯特军事学院，以一个普通士兵的身份参加了第一次世界大战。之后由士兵一步步地成长起来，在第二次世界大战初期他任英国步兵第3师师长，参加了在法国、比利时的作战。1942年，他命令英军发起进攻，彻底扭转了英军在北非的危机，同时被授予巴斯骑士勋章，人们将他称为捕捉"沙漠之狐"的猎手。

他不是一个普通的将军，而是将军中的将军。他不仅在自己国内被挑剔的国人称为"真正的军事天才"，在世界军事领域，他也享有声誉和崇高的威望。

忠贞的爱情

蒙哥马利元帅因打败"沙漠之狐"隆美尔成就了一世英名，但他的爱情之路却相当坎坷。蒙哥马利年轻时讨厌社交生活和宴会，全身心地扑在了事业上，因此他认识的女性寥寥无几，到了38岁仍然没有结婚。有

的人开玩笑说："军队就是蒙哥马利的妻
子。"然而这一切在1926年发生了改变。

　　这年1月，蒙哥马利来到了有"欧洲屋
脊"之称的瑞士度假。一天，蒙哥马利望着
白雪皑皑的远山，思绪如潮，兴致盎然，他
把雪捏成结实的雪团，朝不远处的一个木
桩砸去。雪团与木桩撞击，瞬间变成了雪
花，颇有一番情趣。这时，他突然听到一位
女性叫"好"的声音。他回头一瞧，一位美丽
的女子出现在眼前，他顿时被这位充满活
力的女性所吸引。但一向不懂得怎么与女
人打交道的蒙哥马利，一时不知所措，错过
了表白的机会。

　　回到英国后，蒙哥马利始终对那次邂逅念念不忘。一年以后，蒙哥马
利忍不住再次来到瑞士，寻觅那个令他神魂颠倒的女子。也许是天赐姻
缘，蒙哥马利恰好又在同一个地方遇到那个深深印在他脑海中的可爱
女子。

　　这一回，蒙哥马利了解了她的一切。她名叫贝蒂，丈夫在第一次世界
大战中阵亡，留下两个男孩儿。蒙哥马利一方面对贝蒂的不幸遭遇深表同
情，另一方面又为她的坚毅、温柔、端庄和纯真所吸引。

　　他的副官感慨地说："世界上最美丽的少女才配得上将军啊！怎么一
个色衰的妇人就能把他迷住？"连贝蒂自己都不相信，大名鼎鼎的将军会
爱上她。她说："如果你是同情我，那请你走开，我不需要同情。"蒙哥马利
将军很庄重地向她行了一个军礼，然后拔出腰间的佩枪，让枪口对着自己
的脑袋说："如果我背叛了你，就让我死在自己的枪口下！"蒙哥马利将军
个性的承诺胜过所有甜言蜜语和海枯石烂的誓言。随着二人的交往日甚，
蒙哥马利愈发不能自拔，终于鼓起勇气对贝蒂表白了自己的爱意，贝蒂愉
快地接受了蒙哥马利的爱。1927年7月27日，40岁的蒙哥马利与39岁的贝

蒂喜结良缘。

结婚以后，蒙哥马利与贝蒂相亲相爱，一家人生活得甜甜蜜蜜。第二年，蒙哥马利喜得贵子，取名叫戴维。这个金发碧眼的小男孩十分招人喜爱，为这个本来就很幸福的家庭增添了新的快乐，也让蒙哥马利领略到更多的生活乐趣。

然而贝蒂自从生了戴维之后，身体一直不太好。1937年的一天，贝蒂在陪儿子玩耍时不慎被一只虫子叮了一下，当时贝蒂并没有在意，谁知当晚她的腿就开始肿痛，不得不被紧急送到医院就诊。诊断的结果让人大吃一惊，她竟然得了败血症。蒙哥马利闻讯后心如刀绞，此后他尽可能把所有的时间都花在医院，给妻子以体贴入微的照顾和感情安慰，但妻子的病情却日渐严重，毒素沿着贝蒂的腿慢慢向上蔓延。在征询蒙哥马利的意见后，医生给贝蒂做了截肢手术，但病情仍未好转。1937年10月19日，贝蒂安然死在蒙哥马利怀中。

在贝蒂的葬礼上，蒙哥马利将军没有眼泪，只是行了一个久久的军礼。这个时候，更多的人怀疑他对妻子的感情。如果他真的爱他，为什么没有一滴眼泪，甚至脸上都没有一丝悲伤的神情呢？

爱妻的病逝对蒙哥马利是一个沉重打击，使他陷于极度的痛苦之中。从此，他把对妻子的深爱转到了儿子身上，并且用主要精力专心研究战争，投身于军人的事业上。战争结束，他用自己不朽的功勋赢得了一切，荣誉、地位、金钱和世人的敬仰，当然还有无数女性的爱慕之情，无数女性都梦想着自己能靠在他那挂满勋章的胸前，但是，将军不为所动。许多关心他的人纷纷为他介绍对象,他都婉言谢绝了。连英国首相想做他的月下老人都未能如愿。首相劝他:"蒙哥马利将军,整个英吉利都不希望你的后半生是孤独的。"他严肃地说:"作为一个军人,我永远忠于自己的祖国;作为一个男人,我永远不会背叛爱情。"这一次,首相向他郑重地敬了个军礼。当几年后蒙哥马利从失去妻子的悲哀和痛苦中恢复过来时,有些人悄悄在私下议论:"蒙哥马利大概又要结婚了。"蒙哥马利听后说:"我不相信一个人能有两次恋爱,像我对贝蒂这样的爱,永远不可能有第二次。"他确实做到了这一点,一直到他1976年逝世为止,蒙哥马利再没有对任何一位女性动过心。

多年以后,蒙哥马利将军在自传中提到自己生命中那一段唯一又短暂的爱情,在谈起妻子的去世时,将军写道:"眼泪不是表达爱情的唯一方式,而忠诚是爱情的最好证明。爱上一个女人就不能再爱上另外一个女人,就像我手中的枪,只能有一个准星!"

杰出的统帅

在第二次世界大战充满硝烟的前线,英国官兵时常看见一个人戴着将军和装甲兵两个帽徽的军帽,此人就是英国元帅蒙哥马利。蒙哥马利为什么要戴这样的帽子?人们对此有种种揣测,有的认为他是故意猎奇,

【军校语录】

　　智慧不仅是创造文化、获得幸福的原动力,同时也切不可忘记它又是产生破坏、把人推向悲惨和苦恼的深渊的原动力。

有的人认为他是以此显示自己特别重视装甲兵的用途。其实,他是出于一种具有实际价值的动机,才戴这样的帽子的。他认为,一个统帅人物要在部队中具有威信和感召力,就必须使下级官兵经常能够在前线看到他。蒙哥马利在第一次世界大战时担任过排长和上尉参谋,他对自己从未见过总司令深感遗憾,认为这是英军士气低落、战斗力不强的重要原因之一。有了这顶特殊的军帽,部队官兵能够经常看到他。他说:"各部队官兵看到这顶帽子,就知道我来了,就知道我对他们的所作所为非常关切,就知道我不只是坐在安全的后方,高高在上发号施令。"

蒙哥马利具有极好的军事才能。当德军入侵荷兰和比利时的时候,英国远征军立即向东疾速前进。第2军以蒙哥马利的第3师为先头部队,前进到了迪尔河一线。他们的前进运动进行得像时钟一样准确,当他们于10月夜间到达规定地区时,发现比利时第10师仍然据守着分派给他们扼守的防线。军长布鲁克第二天来到了第3师,并且立即在"最高一级"采取行动,以便能够重新调整战线。但是当他们晚些时候来看望蒙哥马利的时候,他发现后者已经把事情安排妥当了。布鲁克这样写道:"这一插曲突出地表现了蒙哥马利的才能。必须做出某些安排,因为德军在任何时候都可能到来,而他确实找到了解决问题的办法。记得当时我这样对他说道:'可怜的比利时指挥官，竟然一点也不知道他怀里抱着一条毒蛇。'"

蒙哥马利是位杰出的部队训练者。在担任第5军军长时，他把全军训练成为一支能在各种气象条件下作战的部队。他曾这样说道："无论雨、雪、冰、泥，无论好天气还是坏天气，白天还是黑夜，我军都必须比德

军善战。"他用万无一失的原则来检验他的部队。任何一级军官，不管是团队的，还是参谋机构的，只要不能经受紧张的生活，都得免职。

在调到东南军区后，他还是坚持这些做法。当时在肯特郡指挥第44师的霍罗克斯后来回忆说，蒙哥马利到来所产生的影响"就像在不列颠的这个乡村角落爆炸了一颗原子弹一样"。军区的每一个军官，不论年龄大小和军衔高低，每星期都必须进行两次长跑。有些军官说长跑会使他们死掉，蒙哥马利就对他们说，死了也好。拉尔夫·阿诺德当时在东南军区司令部担任情报官，他回忆说，年龄在45岁以下的所有参谋军官每周都必须背着枪支弹药列队正式行军，并且必须全副武装越野长跑10英里。这项投资，在战争过程中给部队带来了很大好处。

蒙哥马利也是治军的能手。他接管秩序混乱、士气低落的第8集团军的指挥后，就开始处理他认为必须立即予以注意的三项任务：第一项任务是在集团军内树立他的形象，并恢复全军人员对集团军本身及其高级军官的信任；第二项任务是建立一个与他的性格和作战理论相适应的指挥系统；最后则是对付隆美尔。蒙哥马利认为，问题不在于隆美尔是否进攻，而在于何时何地发动进攻。这场被公认为迫在眉睫的战斗将是他指挥的第一场战斗，必须打赢，决定性地打赢。本着这一信条和这些考虑，他在就职后的最初几天就尽一切可能视察了许多部队。但是在他本人下部队以前，他的精神早已传到部队去了。

8月13日下午6点半钟，蒙哥马利从他的第一次重要的沙漠巡视回来

后，就在他的指挥帐篷外，在傍晚的一片凉意之中，向第8集团军全体参谋人员作了一次讲话。蒙哥马利事后这样写道："我向他们做了自我介绍，说我希望同大家见面谈谈。正如他们知道的那样，我已经发布了一些命令，并且将继续发布命令。'决不后退'的命令意味着作战方针的基本改变。他们必须明白我的方针是什么，因为他们将处理具体的参谋工作。如果要就地作战，那么防御阵地必须有纵深。所有的运输工具必须撤回后方。弹药、水、口粮等必须贮藏在前方地域。为使'决不后退'的命令有实现的可能，第8集团军需要更多的部队。在后方，尼罗河三角洲有大批部队守卫，但埃及城市的保卫必须通过这里的阿拉曼战斗来实现。"像这样重要的讲话和命令很快就在前线传开了。也许传闻所起的作用就像他本人亲自到场一样大。让人传播那种最利于本人事业的传闻，不就是领导者的一种领导艺术吗？

接着蒙哥马利对他所谓的"朽木"进行了处理。他迅速、公正地撤换了一批人。蒙哥马利信奉艾森豪威尔在将美国第2军移交给巴顿时所阐明的下述原则："如果你已经对某个人完成任务的能力有所怀疑，那就一刻也不能让他留在负责的岗位上。"蒙哥马利是这种有勇气的人，他的头脑也是十分冷静的。他果断地撤掉了科贝特和多尔曼·史密斯等指挥官，接着又撤换了另外一些人。不久，第7装甲师的伦顿也被撤职，

【军校语录】

没有激流就称不上勇进，没有山峰则谈不上攀登。山路曲折盘旋，但毕竟朝着顶峰延伸。

原因是他和集团军司令官第一次会晤时就犯了一个错误。他说,在即将发起进攻时,唯一需要决定的问题是,由谁率领装甲部队向隆美尔进攻。蒙哥马利告诉他,"我们的坦克将不发起进攻,而是让隆美尔自己撞上来"。这时,伦顿犯了一个更为严重的错误:他竟坚持己见和蒙哥马利争辩起来。于是,在哈勒法山战役后,他就被约翰·丁接替了。蒙哥马利物色了剑桥大学年轻的威廉斯,准备让他当未来的情报处长。这个人挑选得很得当。后来威廉斯一直是蒙哥马利的主要情报官,直到战争在德国结束为止。蒙哥马利还撤换了另一个指挥官,此人对蒙哥马利说,他的部队由他的副手负责训练;但后来他的副手又向蒙哥马利报告说,负责训练的是他的指挥官。于是,这位指挥官就被撤了职。炮兵指挥官也被蒙哥马利撤了职,原因是蒙哥马利为了支援对阿拉曼的猛攻,希望能够像使用"一个由800门火炮组成的炮连"那样使用整个炮兵部队,能够根据需要大规模地转移炮击目标。他认为那个炮兵指挥官不能理解这种集中火力的办法,而是固执地想把炮兵分散在各处使用,像过去在沙漠作战时那样。

　　蒙哥马利采取措施清除了被他诊断为"朽木"的那些人,并以晋升或

从英国调进的手段引进了一些年富力强的人。他从英国调奥利弗·利斯来接管北面的第30军,调霍罗克斯来接管南面的第13军,调柯克曼准将任炮兵指挥官。他本来还打算把迈尔斯·登普西调来指挥计划成立的新装甲军,而

亚历山大劝导他说,一下子调来3个新军长未免太过分了,这样他才放弃更好的选择而让拉姆斯登这个曾经指挥过第1装甲师的沙漠老手来当新装甲军军长。但这一切绝不是毫无目的的清洗。历史表明,蒙哥马利是一个精于选拔部属的人。在第二次世界大战期间,任何一个集团军的参谋机构恐怕都不能同蒙哥马利的媲美。

蒙哥马利是英国人眼中的"军事天才"。在第二次世界大战中,他指挥过许多重大战役,其中最引人注目的是阿拉曼战役,他率领第8集团军彻底击败了号称"沙漠之狐"的德国名将隆美尔所指挥的非洲军团,赢得了北非作战的决定性胜利。此次战役中,蒙哥马利亲自导演了一出"沙漠战中迄今为止最为精彩"的欺骗敌人的活剧。

1944年6月,盟军于诺曼底登陆后,蒙哥马利把敌军的主力吸引到自己方面来,以牺牲自己的荣誉,保证了美军的顺利突破和向纵深发展进攻,而英军却由于敌军主力的顽强抵抗,付出了较大的代价,进展缓慢,甚至有些部队不得不转入防御。为此,美国各界报纸宣扬是美军打败了德军、英军无能等。英国也呼吁蒙哥马利改变战略打击德军,挽回英国人的面子。在强烈的舆论压力下,丘吉尔也沉不住气了,询问蒙哥马利原因究竟是什么。所有这些，蒙哥马利都毫不介意，照常按照盟军的计划行动，确保了诺曼底战役的胜利。在这里，蒙哥马利放弃了唾手可得的胜利，却承担了极为沉重的责任，他深知这一切都不是为了个人的荣誉。一个半世纪以来，英国军队中实际上没有一个人能像蒙哥马利那样精通军事、战功卓著。尽管他有不少弱点和不足，人们完全有理由承认，他不愧为威灵顿的继承人。

桑赫斯特小百科

　　桑赫斯特皇家军事学院自从问世以来也是硕果累累，据官方统计，现在英国陆军中 80%的军官是由桑赫斯特军事学院培训的，历史上值得特别提出的是英国首相丘吉尔、著名军事家蒙哥马利以及罗伯茨、亚历山大和费斯廷等 10 多位陆军元帅都是从这所学校走出来的。

第四章　教育影响与合作交流

英国皇家陆军桑赫斯特军事学院虽然培育的是初级指挥人员，但它对英国军队和社会的影响同样是巨大的。近年来，桑赫斯特军事学院积极对外合作交流，学校接受中国、巴基斯坦、印度等数十个国家的军官前往培训学习。

第一课　教育模式及影响

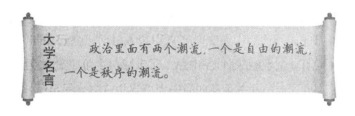

大学名言　政治里面有两个潮流，一个是自由的潮流，一个是秩序的潮流。

桑赫斯特军事学院自从问世以来培养出了大批有成就的名人，据官方统计，现在英国陆军中80%的军官是由桑赫斯特军事学院培训的。历史上，英国军队陆军参谋长多是由该校毕业生担任。

其中，前英国首相丘吉尔以及蒙哥马利、罗伯茨、亚历山大等10多名陆军元帅都是从这里走出来的。此外，英国王室也有人军事学院学习的传统。

桑赫斯特军事学院实行院长负责制，下设军事科技、作战研究和国防事务等科室以及新学院、老学院、胜利学院、施里文汉学院和女军官学院5个分学院。

桑赫斯特皇家军事学院一年招生两次，分别在1月份和9月份进行，招生对象年龄限制在17.5～25岁之间，通常

【军校语录】
真理是一支火炬，而且是一支极大的火炬，所以当我们怀着生怕被它烧着的恐惧心情企图从它旁边走过去的时候，连眼睛也难睁开。

考生填报志愿后还要参加为期4天的体检和考试。学院学制一般为两年，1个学年分为3个学期，1个学期分为14个教学周，课程安排十分紧凑，教学中还引进了竞争机制，学员的淘汰率在8%左右。

桑赫斯特军事学院设有3个系，每个系有4个连队，分别以1914年以前、一次大战和二次大战期间的著名战役命名。在两年的学习期间，学员们将学习体能、步兵战术、武器操作、野战工事等军事科目和科学、数学、语言、军事历史等学术科目。

桑赫斯特军事学院教育训练的目的是：培养合格领导人才，并为军兵种年轻军官提供所需的基础知识，以使他们适于担任初级指挥官。

皇家军事学院的办校宗旨是：使军官学员全面了解自己所从事的职业及担负的职责，培养基本的领导和管理才能、纪律观念和责任感，提高身体素质。

因此，皇家军事学院的入校训练，并不像美国西点军校那样的"野蛮"，而是在保持英国绅士风度的前提下，使学员从老百姓向军人转变。如新学员入学后头5周的生活排得满满的，新学员忙得抬不起头，目的是使自己由老百姓变成军人，组成一个集体。

最初的标准是学会理发、擦皮鞋、换装、清扫房间，还要接受不断的检查、训话等等。这的确是艰苦的锻炼。学员要获得荣誉剑、女王奖章是相当

难的。最初的5周之后，学员感到稍为轻松些。

然而体育训练、智力考核也是非常严格的、多样化的，既有在教室的听讲、运动场的锻炼，还有在各种地形、不同地区的野外演练。桑赫斯特通过这一切造就新一代军官。

毕业检阅之后，军官学员则成为正式军官，开始了军旅新生活。

英国皇家陆军桑赫斯特军事学院虽然培育的是初级指挥人员，但它对英国军队和社会的影响同样是巨大的。

20世纪70年代，英国皇家建军宣布：凡是要到正规陆军去就任的军官必须要经过桑赫斯特军事学院的培训。这个规定就证明了这所军校在英国社会的地位。

目前，这所军校按照"当好军事领导者"这条校训，以英国人的精细和英国陆军的自豪昂首阔步地迈进了21世纪。

第二课　与中国的军事交流

大学名言

战争来临时，真理是第一个牺牲品。

《星期日泰晤士报》2008年9月7日报道说，英国政府允许中国陆军军官在桑赫斯特皇家军事学院学习，违反了欧盟有关禁止与中国开展军事合作的规定，并称英国此举"将激怒美国"。

据报道，有保守党党员竟然称，"这将使中国得以了解到英军条令的大量细节，从而使英国的安全陷入危险境地"云云。保守党因此要求政府对此作出解释，并质询"首相和国防大臣是否知情"。英国影子内阁国防大臣利亚姆·福克斯宣称，"欧盟对华军事禁令包括禁止培训中国军人"。

那么，处在风波之中的这所"桑赫斯特皇家军事学院"究竟是一所什么学院呢？

据一位曾经参观过该学院的中国军方人士向新华社《国际先驱导报》介绍，桑赫斯特只是一所初级陆军学校，学员主要从英国地方大学毕业生当中招收，学员经过10个月的基本军事训练后，成为一名正式的初级军官。学校训练的内容也是最基础的，射击、队列以及体能训练，"培训内容大多只是让学员熟悉陆军的指挥训练条令，毫无保密性可言"。

在桑赫斯特皇家军事学院网站上，《国际先驱导报》记者获悉，该学院还接受巴基斯坦、印度等数十个国家的军官前往培训学习。该网站上还有这样一则简短的消息，是2007年秋学期发的，内容是"热烈欢迎第一位来自中华人民共和国的军事学员"。

> **【参谋谈军事】**
>
> 所谓共和国里的美德，是指爱祖国，也就是爱平等而言。这并不是一种道德上的美德，也不是一种基督教的美德，而是政治上的美德。

针对英国媒体的报道，英国国防部表示"这是与中国进行的正常军事交流"。中国驻英国有关机构在接受《国际先驱导报》采访时也肯定地指出，"中国军官在英国军校培训属于正常军事交流"。据透露，中英之间就军官教育交流达成正式协议，中国军官在英国学习期间的费用由中方承担，中方学员由中方选拔，然后接受英国驻华武官的面试，面试合格后，英国武官处再把相关信息上报英国国防部，国防部再做审核与批准。

据《国际先驱导报》获悉，参与2007年秋学期学习的这名中国军官刘柳目前已毕业回国。2008年，该学院又新招收了一名中国军官入学。

据上述知情的中国军方人士向《国际先驱导报》指出，1989年英国和其他一些西方国家一道对中国实施军售禁令，同时中断了此前开展的相当不错的中英军事交流。不过，到1996年，中国国防大学就向英国军校派出了高级军官，之后高级军事培训一直就没有中断过。目前，中英之间的军事交流项目很多，在英国的皇家国防研究学院、皇家军事科学学院，

以及桑德赫斯特皇家军事学院等英国军校，每年都有中国军人前往学习和交流。

既然中国军官在英国军校接受培训的事情早已有之，那么英国媒体为什么要拿出"不是新闻的新闻"来炒作呢？其实，这件事只是英国在野的保守党借以攻击执政党工党的口实之一。

保守党声称英国政府的所作所为"违反了欧盟对华军事禁令"。针对此，有分析人士向《国际先驱导报》指出，1989年西方国家出于政治目的，宣布对华实施对军事禁令，主要是禁止对华军售，有的国家也暂停了与中国的军事交流。但是，并不存在"不允许与中国进行军事交流"这样明确的条文。

其实，姑且不论"对华军事交流"是否包含在西方国家的对华军事禁令之内，已经生效近20年的禁令本身就是西方国家抱着政治目的对中国实施遏制的错误，是历史的错误产物。

事实上，从上世纪90年代开始，西方国家出于利益及国家关系等各种因素的综合考量，也已经悄然恢复了与中国的军事交流。法国、德国、英

国,乃至美国的军校里都有中国军人的身影;德国还帮助中国培训专业技术型军官,比如特种作战、山地作战、装甲部队作战等;中国军事院校同样向外国同行开放了大门。

然而,军售禁令却依然是横亘在欧洲与中国之间的一道坎。在法国希拉克总统和德国施罗德总理执政的年代,他们都力主并多次呼吁解除对华军售禁令,然而,此后这个问题还是受到了欧洲整体对华大环境转变的影响,短期内难以解除。而且,"要彻底解除欧盟对华军售,美国态度是关键"。中国军控与裁军协会研究部主任滕建群认为,正是因为禁令的存在,目前欧洲国家与中国之间的军事交流才大多只具有象征意义。

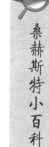

桑赫斯特小百科

桑赫斯特皇家军事学院毕业的伯纳德·劳·蒙哥马利是英国杰出的军事家,英国陆军元帅,战略家,第二次世界大战中盟军杰出的指挥官之一。著名的阿拉曼战役、诺曼底登陆为其军事生涯的两大杰作。1907 年考入了桑赫斯特皇家军事学院。1908 年 12 月毕业后,加入了驻印度的皇家沃里克郡团,当一名少尉排长。

第三课　桑赫斯特名人榜——威廉王子

大学名言

你想和平，就要准备战争。

威廉王子(HRH Prince William of Wales)，全名为威廉·亚瑟·菲利普·路易斯·蒙巴顿—温莎(William Arthur Philip Louis Mountbatten-Windsor)，是英国王室的成员之一，当今英国王储威尔士亲王查尔斯和威尔士王妃戴安娜的长子。英国王位第二号继承人，排在其父亲之后以及其弟哈里王子之前。2006年1月，威廉王子进入位于英国的桑赫斯特皇家军事学院，开始其44周的军事生涯。2011年4月29日，与凯特·米德尔顿举行婚礼。

母亲：戴安娜王妃

戴安娜是斯宾塞家族的一位成员，她1961年7月1日出生。于1977年(当年她16岁)与查尔斯王子邂逅；1980年她再度遇上查尔斯，其后他们俩擦出爱火，恋情发展得十分迅速；1981年7月29日在全球7.5亿人通过电视转播，看到了他们在英国数百万人民的注视下，在圣保罗大教堂举行的盛大婚礼。1996年，查尔斯与戴妃正式离婚。1997年8月31日，戴安娜王妃因车祸死于法国巴黎。

父亲：查尔斯王子

英国王储查尔斯王子全名查尔斯·菲利普·阿瑟·乔治(Charles Philip Arthur George) 1948年11月14日出生，是英国女王伊丽莎白二世和爱丁堡公爵菲利浦亲王的长子。1981年7月29日与斯潘塞伯爵的女儿戴安娜·弗朗西斯·斯潘塞(通称戴安娜公主，即威尔士王妃)结婚。1996年7月12日与戴安娜王妃就离婚

条件达成协议，双方同意离婚。8月28日，双方解除婚约。2005年4月9日，查尔斯与相恋了35年的情人卡米拉在温莎市政厅以民事注册的方式低调举行了婚礼，英国女王伊丽莎白二世出席了在温莎城堡圣乔治礼拜堂举行的赐福仪式。

弟弟：哈里王子

英国王位第三顺位继承人，哈里是英国查尔斯王储和戴安娜王妃的第二个儿子，1984年9月15日出生。哈里活泼好动、极富冒险精神，热衷体育运动，他喜欢足球、橄榄球、马球和游泳。他继承了母亲戴安娜王妃的热情、敏锐的天赋，

【军校语录】

对于攀登者来说，失掉往昔的足迹并不可惜，迷失了继续前时的方向却很危险。

为人聪明、机智、率真,悟性极高。

妻子:凯特·米德尔顿

2001年9月,威廉和凯特·米德尔顿(Kate Middleton)在苏格兰圣安德鲁大学艺术史系同窗时相识。入学伊始,肌肤浅棕、一头长发的凯特很快吸引了威廉的视线。威廉在上学第一年曾考虑放弃学业,后在凯特的劝说下继续学习,并改学地理。凯特的这一举动赢得了王室的信任。2002年3月,威廉花了200英镑买下学生慈善时装表演的前排座位,为的是一睹凯特穿黑色胸衣走T台的风采。

2002年9月,威廉和凯特从学生宿舍搬出,住到法夫区一栋住宅里。凯特第一次出现在公众的视线中是在2003年5月,媒体拍到她和威廉在一场橄榄球比赛中出双入对、亲密地谈话。2004年3月,狗仔队拍到他们在瑞士滑雪胜地度假的照片。

2011年4月29日,二人终于完成了他们的世纪婚礼。

少年时代

在他出生的时候,威廉王子已经打破了传统。1982年6月21日在伦敦

玛利亚医院出生,他是第一个出生在皇室以外医院里的皇室成员。他通过"Hear ye,hear ye,查尔斯王子有了一个儿子"被介绍到世界各地。当戴安娜和查尔斯离开医院的时候,威廉的照相生涯便从此开始了……摄影人员呼喊:"戴安娜,让我们看看你的儿子!"

然而尽管如此,查尔斯和戴安娜尽量给威廉及他们的

小儿子哈里创造一个正常的生长环境。例如，威廉王子在伦敦的Mynors's Nursery学校开始接受教育，第一位皇室成员进入Nursery学校而非像他父亲那样拥有自己的私人教师。戴安娜王妃从小带着两个孩子参加各种公益活动，并且时常领着他们出没于各大商场、餐厅。有人看

见他们曾在burger king一起吃汉堡；还有人看到他们在英国最大的主题公园alton towers或索普公园为坐过山车而规规矩矩地排队，或者是在超市里提着大包小包的东西等候付款，工作人员立即开通绿色通道，却被戴安娜婉言拒绝。正因如此，两个孩子的童年就像平常人一样的生活，因为戴安娜做出了一定的榜样。而他们与查尔斯在一起的生活就大不同了，因为西装几乎成了他们的随身装。从小，威廉王子是一个很叛逆的孩子，媒体关注着他的每一个成长的过程。当粗暴的威廉在别的孩子的聚会上拒绝吹灭生日蜡烛时，他大嚷道："当我做国王的时候我将命令我的骑士来把你们的头砍下来。"然而随着年龄的增长他变得越来越沉静。戴安娜曾评价说他是个"深沉的思考者"。

在Mrs.Mynor's待了2年之后，威廉进入了也是位于伦敦的Wetherby学校。在那里他的读写都很优秀，他的运动细胞也开始展现。他和戴安娜曾经在"parent's day"参加游戏。3年之后他离开了Wetherby学校，同时又加入了另外一个寄宿学校——Ludgrove，他在那里生活了5年，并且和4个同学共用一个房间。也是在那儿他学会了在父母分开后寻求安慰。学校的同学也很少谈论他，而是把他作为普通同学对待。

当他的父母离婚以后，威廉和哈里在父母间周旋。戴安娜继续她做母亲的方式。她带他们去麦当劳或者娱乐场所。查尔斯也因早年的"uncaring parent"称号而出名。威廉在Ludgrove校园发生了一个被高尔夫球俱乐部学生击中头部的意外。查尔斯在了解到没有什么大碍后，便离开了医院而去参加皇家的一个典礼仪式。

1995年威廉进入了伊顿中学，他是第一个加入这所有500年历史的学

校的未来国王。在伊顿，他发现人们对他在更多的方面给予肯定。人们不是根据他的头衔来评判他，而是根据他的灵活度、他的体育天才、他所喜爱的事物来评判他。开始第一年，他不能忍受一些戏弄，例如一些上层人士传真他父亲的裸体照片，还有一次被一些雪球轰炸。最后，

他也变成了"cool set"一群的一员。1999年，他甚至担任最优秀、最受欢迎的人，每年有20名男孩被选入这个社会团体。

1997年8月31日威廉的世界一片混乱。他的母亲戴安娜在巴黎的一场车祸中丧生。他的父亲用无线电把他和他弟弟的房间隔离起来，因此他们没有马上听到这个意外事件。9月1日早晨，他的父亲查尔斯告诉了他们这个消息。他们在Balmoral待了一段时间……但是几天以后他们还是坚持参加了母亲的追悼会。威廉王子在安排葬礼的时候发言了。他是葬礼队伍中走在母亲灵车后面的成员之一。

戴安娜死后，查尔斯王储和他的儿子们走得更近了。常常去看以前的保姆Tiggy Pettifer小姐和他以前的朋友，他越来越憎恨新闻界……那些他责备应该对戴安娜的死负责的人。

然而随着时间的流逝，威廉在镜头面前越来越放松，更多的是顺其自然。在2000年4月，在Klosters他对着照相机镜头微笑，甚至还和摄影人员开玩笑，当被问到他即将18岁有何感想的时候，他回答说"那一定很有趣"。2000年7月，威廉以A的成绩从伊顿毕业。

学生时代

威廉王子的学业，是完全在公共学校里完成的。童年时，他在伦敦西区上幼儿园，小学和中学时代则在贝克郡度过的。他就读的中学是著名的伊顿公学。他在高考中选修了地理、生物和艺术史三科。

> **【名人说政治】**
>
> 社会要富足，就必须保护富人。保护富人的目的，就是鼓励更多的穷人成为富人。如果我们一味地消灭富人，最终大家又到了同一个起跑线上，民富国强，就会永远是一句空头政治。

威廉王子的母亲戴安娜王妃于1997年8月31日在巴黎遇车祸而亡。威廉和哈里王子此时正在巴尔莫拉城堡与女王一同避暑，而此前他们刚和母亲在法国南部度完假。查尔斯王储把他们从睡梦中叫醒，告知他们这一不幸消息。在王妃出殡当天，威廉王子和弟弟、父亲、祖父和舅舅一同跟随王妃的灵柩，自白金汉宫步行至西敏寺。

王妃的去世，尤其英国情报机关涉嫌制造那场车祸的传闻，令王室的声望跌到谷底，但威廉王子的声望不跌反升。据英国一些媒体的分析指出，王子丧母使大众对他倍加怜爱，而且威廉遗传了母亲楚楚动人的样貌，因此深受青年人，特别是少女追星族的欢迎。

高考过后，威廉王子为自己安排了个空档年(Gap Year)。他先到伯利兹接受皇家陆军的军事训练，其后到智利参与了当地扶贫的义工服务。当时，王子亲身清洗马桶的照片更被世界各地的媒体转载。

2001年，威廉王子入读苏格兰的圣安德鲁斯大学，主修艺术史。9月，威廉和凯特在苏格兰圣安德鲁大学艺术史系同窗时相识。2005年毕业并获得苏格兰二级甲等荣誉文科硕士学位，成为拥有最高学历的王位继承人之一。

2006年1月7日，威廉王子进入桑赫斯特皇家军事学院，开始他的陆军士官训练课程。而他的弟弟哈里王子也在较早前入读该学院。

英国威廉王子4月11日从父亲——王储查尔斯手中领受了飞行徽章，正式成为空军飞行员。据英国媒体报道，查尔斯王储在妻子康沃尔公爵夫

人卡米拉的陪同下，来到英格兰林肯郡的皇家空军克兰韦尔基地向儿子颁授徽章。

王子冠上了军衔后的名字是威廉·威尔士空军中尉。他是25名获颁授飞行徽章的毕业学员之一。威廉王子当时的女友、现任妻子凯特·米德尔顿也出席了这次空军毕业典礼。稍后，威廉也到海军接受训练。

王室任务

2005年7月，威廉王子首次代表他的祖母，出席在新西兰举办的纪念第二次世界大战的活动。而现时他还是英格兰足球总会主席和英国慈善组织中心点（Centrepoint，一个援助无家青年的组织）的赞助人。

自圣安德鲁斯大学毕业，王子曾在德文郡公爵旗下的物业和伦敦的汇丰银行打过工。威廉王子在离开军事学院后，估计会按传统在英国陆军服役，但估计只会接受非战斗性任务。虽然王子曾公开表示有意上前线作战，但历代英国王室皆有保守传统，就是从不让王位继承人身陷险境，所以王子难偿其愿。

空军生涯

英国威廉王子曾经用"惊奇"、"紧张"、"得意"描述自己第一次单独驾驶飞机的经历。 2008年,28岁的威廉王子正在英国林肯郡一处空军基地接受为期4个月的飞行训练课程。威廉16日

与教练员罗格·鲍斯菲尔德登上一架格罗布115E型螺旋桨式教练机,经历了首次单独驾驶。威廉回忆说,当时他们在空中绕行几圈后,"罗格转身对我说:'好,现在我要跳伞了……'我说:'什么?你要去哪儿?'他说:'你一个人继续驾驶……'"

就这样,威廉在毫无心理准备的情况下开始了第一次"单飞"。"只需记住操控飞机的全部要领,做好该做的一切……最后,当我看到地面上跑道越来越近,我心想,可千万千万别搞砸了。"美联社援引威廉的话说。

鲍斯菲尔德称赞了王子的资质。他说,除本身勤奋以外,威廉"在空中有一种天赋","他具备良好控制技巧,学得快,记得牢,一次比一次飞得顺利"。与威廉一同受训的马克·希普利则说:"威廉比我们更努力,因为他需要在如此短时间内完成训练。"第一次独自完成飞行令威廉十分激动。他说,一生中最想做的50件事中,独自飞行是其中之一。

威廉的父亲查尔斯王储曾于1971年接受飞行训练,1974年取得直升机飞行员资格。威廉的叔叔安德鲁王子曾作为海军飞行员参加了英国与阿根廷的马岛战争。

> **【名人说政治】**
>
> 最卓越的东西,也常是最难被人了解的东西,真理尽管苦涩,然而鲜明。

飞行事件

英国威廉王子曾驾驶"支努干"军用直升机飞行5次,其中两次飞过王室宅邸上空。英国媒体曝光威廉王子的这段"飞行史"。

英国《太阳报》报道,除把"支努干"军用直升机降落在女友凯特·米德尔顿家的农场上、接弟弟哈里王子飞赴怀特岛参加聚会外,威廉王子曾经驾驶"支努干"直升机飞越父亲查尔斯王储位于格洛斯特郡的海格罗夫庄园,4日飞赴诺森伯兰郡赫克瑟姆参加婚礼,9日飞越女王伊丽莎白二世位于桑德灵厄姆的宅邸。

《太阳报》援引军方的解释说,威廉王子这5次飞行是他训练内容的组成部分。不过,英国空军负责人曾经晚就威廉王子的某些"幼稚"飞行致歉。威廉王子也承认,这些行为让他看起来像个"花花公子"。

据英国《每日电讯报》报道,英国皇家空军已就允许威廉王子在皇家空军训练期间驾驶一架价值1000万英镑的"支努干"直升机用于探访家人和朋友表示道歉。

皇家空军"支努干"直升机每小时的飞行费用为5000英镑。

威廉王子在皇家空军最后两个星期的训练期间曾驾驶直升机从皇家空军的欧迪哈姆基地起飞，降落在其女友凯特·米德尔顿家的后花园。

> **【参谋谈军事】**
>
> 战争是人类生活中一种具有头等重要意义的生物法则，它是人类社会中不可缺少的起调节作用的东西。

他在8天之后又使用直升机前往怀特岛参加一个男士聚会，直升机还在伦敦的沃威什军营降落，以便让他弟弟哈里王子登机。

媒体还披露，他曾驾驶直升机飞往赫克瑟姆去参加一个婚礼。他还三次驾机飞过皇室住宅。

尽管皇家空军最初称，这些飞行活动是培训威廉成为一名飞行员的"关键训练"课程的一部分，但他们在之后承认空军在计划这些飞行活动时没有深思熟虑。

造价达1000万英镑的"支努干"直升机在伊拉克和阿富汗主要用于运输部队，人们正对驻前线英军没有足够的直升机感到担心。一位皇家空军发言人称："这些训练飞行活动要么使威廉能够参加私人聚会，要么使其在一个私宅附近起降，这没有考虑到媒体和公众对这些飞行活动的看法。

回顾此事，皇家空军在计划这些飞行活动时没有进行深思熟虑。"尽管如此，皇家空军称，威廉王子的飞行活动没有违反任何规定，因此不会有人因此事而受到处分。

社会评价

风度翩翩、英俊潇洒的威廉王子是英国皇室成员中一道最靓丽的风景，他温文尔雅，笑容可掬，从出世之日起便深受英国民众爱戴，堪称真正的"天之骄子"！

作为英国王室未来的继承人，双子座的威廉不仅遗传了母亲戴安娜王妃的出色外表，同时也秉承了母亲的博爱之心。

他虽贵为王子，却仍然非常平民化，在许多人眼中是一个心地善良、个性平易、温和体贴、很容易打交道的男孩子。

只是，太阳月亮同时落在双子座使他在面对陌生人及陌生的环境时会表现的过于内敛、害羞。在与媒体一次开诚布公的访问中，威廉承认自己在大学第一年结束时差点退学，因为"周围的环境和一切都那么陌生，我不知道下一步会出现什么"。

好在后来事情有所改观，逐渐熟悉了新生活的威廉"不再恋家，不再害怕"。

在学校里，威廉学习成绩优异，受火星三合水星影响的他拥有骄人天赋，能文能武，除传统骑术及马球技术出众外，在足球、橄榄球及游泳等运动表现亦非常不俗。

不过，威廉在学校始终保持低姿态，不事张扬，他希望人们能把自己当作普通人来对待，而这种平民思想的产生完全是因为他的母亲戴安娜王妃。

通常月亮与海王星有相合或相冲相位的人，在不同程度上都会受到母亲的强势影响，也许是生活习性，也许是人生观。而威廉则继承了母亲的自主，就连伊丽莎白女王也认为非常有主见的孙子继承了戴安娜王妃决不循规蹈矩的性格。

然而不仅，戴安娜的标新立异虽然给他找出了一条英国王室从未有人尝试过的新路，可天王星冲水星、金星的威廉天性也不是一个守旧的人，他明白自己虽然必须遵从传统、履行职责，但同样也应该独立思考，做出自己的决定，不被皇家约束。

由此不难看出威廉为何是皇室中最受公众喜爱的一位，因为他拥有现代人所欣赏的一切特质。而这种积极面对生活的态度也帮助他度过了无数痛苦的岁月。

丧母之痛曾一度使威廉仿佛活在地狱中，他说："从得知失去母亲的那一刻起，我的世界就摔成了无数的碎片。"

从一个人见人爱的黄金宝宝，到满脸稚气的羞怯少年，再到一个沉静自信的有志青年，如果除去罩在身上的皇家光环，威廉的成长经历与别人没有什么不同。

然而，命运的选择注定他的一举一动要受到众人的瞩目，就像他所说的："是否想成为国王对我而言并不是一个问题，而是一个与生俱来的责任！"

情感历史

2001年9月，威廉和凯特在苏格兰圣安德鲁斯大学同样修读艺术史，因而认识。

2002年9月，威廉和凯特连同两名朋友入住同一套学生宿舍。

2003年6月，凯特出席威廉的21岁生日派对，威廉接受传媒访问时坚称没有女友。

2003年9月，威廉和凯特连同室友搬进农村小屋。

2003年12月，外界相信凯特已跟前男友分手，并开始和威廉恋爱。

2004年3月，威廉和凯特被拍到在瑞士克洛斯特斯一起滑雪。

2005年6月，威廉和凯特一同出席威廉友人的婚礼,同月在圣安德鲁斯大学毕业。

2005年7月,威廉和凯特一同在非洲肯尼亚的保育区度假,保育区由克雷格的父母拥有。

2006年1月，威廉和凯特被拍到在克洛斯特斯亲吻,数日后威廉开始接受军训。

2006年3月,凯特获邀到皇家厢座观赏赛马,威廉没有陪伴在旁。

2006年12月,凯特见证威廉毕业成为军官,女王也在场。

2007年3月,威廉开始在西南部巴温顿军营接受军训。

2007年6月,威廉和凯特出席纪念戴妃的音乐会,但相隔两排。

2008年4月,凯蒂出席威廉的皇家空军毕业礼。

2010年10月,威廉和凯特在肯尼亚度假订婚。

2011年4月29日,威廉和凯特在英国威斯敏斯特大教堂完婚。

宣布订婚

在经历近10年的爱情长跑后，威廉王子终于确定于2011年迎娶女友凯特·米德尔顿(Kate Middleton)。

威廉把亡母戴安娜王妃结婚前曾佩戴过的蓝宝石和钻石订婚戒指送给了凯特,向她求婚。"这对我来说非常特别,"威廉说,"这是我自己的方式,以确保母亲没有错过今天这个激动人心的时刻,以及我们俩将共度余生这个事实。"

这两个29岁的年轻人于2011年春天完婚。距此30年前,威廉的父母查尔斯王子和戴安娜王妃举行了一场世人瞩目的婚礼。威廉和凯特在伦敦笑容满面地手挽手,在全球媒体面前宣布了订婚消息。王子说:"我不觉得这有些着急,否则我的步调会快许多的。现在时机正合适,我俩都非常高兴,我很开心自己终于做了这件事。"

凯特在接受非正式采访时说,戴安娜给了她"激励"。从现在开始,这位年轻人必须学会面对像当年围绕戴安娜王妃那般的媒体关注。她表示,威廉是不久前在肯尼亚度假时向她求婚的,当时让她"吃了一惊"。她还说,嫁入皇室确实让人感到有些畏惧,但她希望在威廉的帮助下,自己能"从容应对"。包括伊丽莎白女王和查尔斯王子在内的皇室成员都表示,对威廉订婚的消息感到高兴。威廉的弟弟哈里称,他一直想要个姐

姐,哥哥订婚的消息让他这个愿望即将成真。英国首相卡梅伦表示,王子订婚的消息让当时正在开会的内阁成员"兴高采烈"。有评论人士称,对于深陷经济困境的英国民众来说,威廉王子订婚的消息将大大提振他们的心气。

世纪婚礼

英国王储府邸克拉伦斯宫宣布,威廉王子与相恋8年的女友凯特·米德尔顿的婚礼于2011年4月29日在威斯敏斯特教堂举行。英国首相卡梅伦获悉这一消息后表示,威廉和凯特举行婚礼将是"一个令人高兴和至关重要的时刻"。英国内阁作出决定,他们举行婚礼当日全国将放假一天。

威廉和凯特订婚的消息是4月16日正式对外宣布的,英国媒体和社会各界一直在议论婚礼的具体日期、地点以及相关费用由谁承担等热门话题。英国王宫的一位高级官员透露,选择威斯敏斯特教堂作为婚礼举办地是因为王室有这个传统,英国女王伊丽莎白二世与爱丁堡公爵的婚礼就是在这个教堂里举行的。另外,威斯敏斯特教堂还是威廉的母亲戴安娜王妃1997年举行葬礼的地方。

关于举办婚礼的费用由谁来承担这一问题,英国媒体报道,王室将负担婚礼的相关费用,但在安全和交通方面的开支将由政府埋单。威廉王子

表示,"很清楚目前的经济形势",不想把婚礼办得过于奢华。他的父母查尔斯王储和戴安娜王妃1981年7月29日在伦敦的圣保罗大教堂举行了盛大的婚礼,当时大约有60万英国人在伦敦市中心举行欢庆活动。因迎娶平民女子凯特·米德尔顿而在英国享有超高人气的威廉王子,又面临婚姻带给他的一大"福利",超过六成英国人认为他比父亲查尔斯王储更适合当国王,他和凯特会给古老的英国王室注入活力,以致威廉王子不得不出来表示:"我不会越过我父亲当国王的。"

11月29日,威廉王子的助理特别借助英国《每日电讯报》澄清:王子希望他的父亲成为国王。该助理说,王子已注意到各种各样的猜测,但他知道自己在王室的位置。他目前还不是王室"全职成员",而是皇家空军的搜救飞行员,将继续服役直到2013年。该助理还表示,威廉王子无意跨越父亲查尔斯继承王位。

威廉王子的表态,或许会让父亲查尔斯王储松一口气。作为世界上最年长的王储,查尔斯一生都在等待继承王位。但他的婚外情导致他在英国民众心中地位不高,而儿子威廉结婚的消息又给民众提供了一个新的愿景。

不久前,英国《世界新闻报》援引民调机构ICM的调查结果称,64%的受访者希望威廉王子直接继承王位,而希望查尔斯王储继位的受访者不足20%。同样,英国国际研究机构Onepoll对2000名受访者做的类似调查也发现,49%的受访者希望威廉王子继位,只有16%的人倾向于让查尔斯王继位。

【军校语录】

　　一窍不通的人以为无窍可通,因而也就可以以为他已无所不通,于是心满意足;要叫他相信并非无所不知,还不如他相信月亮是用未熟的干酪做成的来得容易。

这一方面体现了威廉王子的超高人气,另一方面也跟英国民众的"戴安娜情结"有关。民调结果出炉前一天,查尔斯王储接受媒体专访时首次表态,当他继承英国王位后,妻子卡米拉"有可能"被册封为王后。这一表态让戴安娜的粉丝们难以接受。英国《每日邮报》民调显示,如果卡米拉真的封后,她将是英国"最不受欢迎的王后"。赞成卡米拉封后的受访民众仅占14%,反对者则占52%。

尽管很多人想让威廉王子"提前登基",但也有人泼冷水。比如《每日邮报》专栏作家皮特·希金斯就写道,英国王室并

【军校语录】

战争满足了,或曾经满足过人的好斗的本能,但它同时还满足了人对掠夺、破坏以及残酷的纪律和专制力的欲望。

非以受欢迎度来选国王,选国王是由王位继承法说了算。而且,相较于威廉王子,查尔斯是一个更加成熟的政客。

英国宪法专家也指出,王室有关王位继承的次序问题,并不依据继承人受欢迎的程度而定,因此不管民调结果如何,英国王室在继承人顺序问题上都不会做出任何更改。这位宪法专家认为,查尔斯王储绝不会放弃登基的权利,而威廉王子也不会对王位提出挑战。

桑赫斯特小百科

桑赫斯特皇家陆军学院标准军事课程,由学院下设的皇家军事学院担任,学制为28周,分两个学期授完,属新生的必修课程。主要学习步兵小分队战术、识图用图、通信、武器操作与使用、队列、三防、急救、后勤、组织指挥以及语言表达能力。

第五章　军事领袖的摇篮

据官方统计,现在英国陆军中 80% 的军官是由桑赫斯特军事学院培训的。历史上,英国军队陆军参谋长多是由该校毕业生担任。其中,前英国首相丘吉尔以及蒙哥马利、罗伯茨、亚历山大等 10 多名陆军元帅都是从这里走出来的。

第一课　英国元帅哈罗德·亚历山大

大学名言

黄金和财富是战争的主要根源。

哈罗德·亚历山大(Harold Alexander, 1891—1969),英国元帅。第二次世界大战期间历任师长、军长、中东战区总司令、北非战区盟军最高副司令兼第18集团军群司令、地中海战区盟军最高副司令兼第15集团军群司令和地中海战区盟军最高司令。因指挥突尼斯战役获胜而被封为"突尼斯的亚历山大勋爵"。

亚历山大于1891年12月10日降生在爱尔兰的贵族家庭。1911年从桑赫斯特皇家军事学院毕业,入爱尔兰近卫军任少尉。1926年,亚历山大进入坎伯利参谋学院深造,次年毕业后赴陆军部和北方军区任职。1939年,亚历山大升任第1步兵师少将师长,率部在英国远征军编成内开赴法国参加第二次世界大战。在1940年5月开始的敦刻尔克大撤退中升任第1军军长,组织英军安全撤回英国,以沉着冷静著称。1940年12月,出任英国南方军区司令,晋升为中将。

1942年3月,缅甸形势告急,亚历山大奉丘吉尔之命指挥缅甸军对日

【军校语录】

最好把真理比作燧石,它受到的敲打越厉害,发射出的光辉就越灿烂。

军的作战行动。由于盟军缺乏协调和空中支援,最后只得率余部撤到印度。7月,亚历山大出任英国第1集团军司令,准备参加进攻法属北非的"火炬"行动,但旋即被赋予更为重要的职责。

1942年8月15日,亚历山大在埃及开罗接替奥金莱克出任英军中东战区总司令,晋升为上将。与此同时,蒙哥马利接任第8集团军司令,成为亚历山大的部属。亚历山大和蒙哥马利一面采纳奥金莱克的既定作战计划,即尽可能坚守海滩至鲁瓦伊萨特岭之间的地区,而由阿拉姆哈勒法岭的坚固既设阵地出发,从翼侧威胁鲁瓦伊萨特岭南面的进攻之敌;一面反对丘吉尔的立即发动进攻的主张,坚持要等到作战准备和训练工作就绪后再发动进攻。亚历山大还应蒙哥马利之请组建第10军作为第8集团军的机动后备军。8月30日,隆美尔部发起进攻,阿拉姆哈勒法战役开始。亚历山大指挥陆军和空军协同作战,迫使损失惨重的敌军后撤,从而于9月7日结束这次防御作战。

在进攻作战准备就绪之后,亚历山大下令实施阿拉曼战役(代号"捷足")。参战部队有英国第8集团军、皇家空军以及希腊和战斗法国的部队。10月23日夜晚,阿拉曼防线的英军以炮火摧毁敌炮群并压制敌前沿阵地,而后以第30军(担任主攻)和第13军从北南两线冲入敌防御阵地,待第30军在敌防线与布雷地带打开两条通道后,第10军的两个装甲师迅速开入北南通道,却遭到敌炮火攻击,随之而来的是英军和敌军的沙漠坦克混战。由于拥有制空权以及兵力兵器的绝对优势和高昂的士气,战役于11月7日以英军的胜利告终。德意军伤亡2万人,被俘3万人。

1943年1月,亚历山大被任命为北非战区盟军最高副司令兼第18集团军群司令,指挥英国第1集团军、美国第2军和英国第8集团军。3月17日,盟军开始围歼突尼斯的德意军。激战至5月13日,德意军24万人被迫投降。

北非战役之后,亚历山大出任地中海战区盟军最高副司令兼第15集团军群司令,负责组织协调美国第7集团军和英国第8集团军进攻西西里

的作战。由于美英联合
参谋长会议对于攻克西
西里之后是否进攻意大
利本土没有明确指示，
西西里作战计划带有明
显的缺陷，即难以围歼
守军。1943年7月10日，
亚历山大指挥英军和美
军分别在杰拉湾和诺托
湾登陆作战。英军在主

攻方向严重受挫，美军则先挺进巴勒莫而后折向墨西拿，结果是德意军
余部得以在8月17日通过墨西拿海峡逃回本土。敌军共伤亡16万余人。
西西里战役导致墨索里尼政府的垮台和意大利的无条件投降。

为了攻占意大利本土，亚历山大命令英国第8集团军(辖第30军、第13
军和第5军)于9月2日晚越过海峡在勒佐登陆，美国第5集团军(司令克拉
克，辖美国第6军，后来增加美国第2军和英国第10军)于9月9日在萨勒诺
登陆。此时，德国第10集团军据守古斯塔夫防线，北面则是德国第4集团
军。亚历山大计划在1944年1月20日前后由美国第5集团军进攻古斯塔夫
防线；由美国第2军渡过拉皮多河出击，吸引德军，而后进据利里河谷；美
国第6军在防线后面的安齐奥登陆之际，第5集团军余部趁机突破防线。
1944年1月22日，盟军在安齐奥登陆，却没有迅速向罗马挺进，盟军对古斯
塔夫防线的进攻则陷入停顿。德军开始组织对安齐奥的大规模反攻。安齐
奥盟军的两路攻势都被遏止在原地，2月18日和29日，德军两次发起大规
模反攻，均经激战而失败。此后双方长期进行空袭和炮战，亚历山大秘密
调整盟军部署：从第5集团军撤回英国第10军，将第8集团军集结于卡西诺
地区，担负突入利里河谷的主攻任务。其作战计划是：第8集团军沿6号公
路突破敌防御，直取罗马；美国第6军从安齐奥滩头阵地出击，在瓦尔蒙
托内封锁6号公路。这样，败退的德军第10集团军就会陷入盟军的包围。

5月10日,盟军的全面攻势开始。朱安指挥的法军突破了古斯塔夫防线,美军乘胜向通往安齐奥和阿尔班山地的7号公路挺进。5月15日,第8集团军开始向利里河谷突进。德军的反应为美军从滩头阵地向外突破提供了机会,但克拉克在命令美军朝瓦尔蒙托内进袭的同时,指出在攻占奇斯泰尔纳以后必须准备以主力进攻罗马,致使亚历山大围歼德军的计划遇到损害。5月26日,安齐奥盟军亦向北突进。6月4日,美军进占罗马,德军却已经撤走。

1944年12月,亚历山大继梅特兰·威尔逊之后升任地中海战区盟军最高司令,晋升为元帅,克拉克继任第15集团军群司令。已经越过哥特防线的盟军拥有兵力兵器优势和制空权,亚历山大决心在雷诺河下游和波河之间围歼德军。1945年4月9日,第8集团军的攻势以大规模空中轰炸和炮火轰击开始,于18日穿过阿尔詹塔峡谷;4月14日,第5集团军开始进攻.至19日进抵波伦亚近郊。4月20日,菲廷霍夫想撤至波河,但为时已晚。4月25日,意大利游击队总起义,德军到处挨打。4月29日,德军代表被迫签署无条件投降的文件,亚历山大代表盟国受降。

阿拉曼战役是第二次世界大战中的著名战役。1942年10月23日,在埃及阿拉曼地区,英国第8集团军在蒙哥马利指挥下对隆美尔统率的德、意联军"非洲军团"发起攻击,两军激战12天,英军获胜,德、意军被迫退到突尼斯边境。

在当时,哈罗德·亚历山大中将本来的命运应该是节节高升的,如果按照历史的发展,他将会成为英国南方军区司令,后来奉丘吉尔的命令指

挥缅甸战役,成为出任英国第1集团军司令,随后他的足迹将回到非洲,在埃及开罗接替奥金莱克出任英军中东战区总司令,最终成为和艾森豪威尔以及蒙哥马利齐名的将领。但是德军的大举进攻,让这时候因为缺乏高级将领而捉襟见肘的英国人,不得不把本来就所剩不多的陆军指挥官放在最危险的位置上,哈罗德·亚

历山大中将以后的命运,现在已经变得不可捉摸了。

　　在哈罗德·亚历山大中将的指挥下,英队部署在这里的20门380mm大炮,凶狠地对此时围攻多佛尔的联合舰队进行还击。面对着8艘战列舰,将近百门305mm以上口径的主炮齐射,英国士兵进行着英勇的还击,因为他们知道,如果在这里挡不住德军的登陆。他们就再也挡不住德军的推进了。整个英国会在极短的时间内,被德国强大的装甲集群一口气刺穿。双方的主炮炮弹你来我往,不过总的来说还是英军处在明显的劣势,毕竟他们的对手比自己强大太多了,而且虽然没有德国号称世界第一的俾斯麦级战列舰参战,但是天空中却拥有源源不断的德国斯图卡俯冲轰炸机参战。在能够以90度角度俯冲,精准投弹的斯图卡面前,英国这些大炮目标实在是太大了。

　　英国士兵不得不顶着立体打击进行作战,在英国人的印象中,就从来没有在这种劣势下作战的时候。上一次被打击得这么无力的时候,简直可以追溯到两千年前的罗马帝国时期了。就算是一战时期德军无可阻挡的时候,英国人也从来没有这么悲观,而现在他们真的认为上帝已经放弃了英国,而选择德国代替了他们本来世界霸主的位置。一时间,他们忽然想起了在战争爆发后,在英国各地流传的预言。一些信奉《诸世纪》其中预言的人,又开始疑神疑鬼起来。

　　"你们在干什么,快点还击!你们身后是英国,你们现在需要保护好自己的孩子和妻子,快振作起来!"一些军官明显发现了有些人怪异的情况,马上大喝道。才让这些陷入幻想中的一些士兵,想起了现在自己的职责,马上手忙脚乱地进行工作,在自己的岗位上等待命令。军官们只能暗叹:"大英帝国确实不太适应陆地上的战争,愿上帝保佑英国!"事实上,一些军官已经对所谓的上帝完全绝望了。

　　这个时候的哈罗德·亚历山大中将,只希望这里的情况能够坚持得久

一点,或者德国的登陆部队晚一些行动,好让其他地区的英军能够赶过来增援。这个时候的哈罗德·亚历山大中将,已经把德国登陆部队将从多佛尔登陆的消息传达给了丘吉尔,并且得到了丘吉尔的保证,一旦战斗开始,整个英国的军队都会赶往多佛尔作战,希望哈罗德·亚历山大中将能够坚持到增援部队的到来。

不管哈罗德·亚历山大中将如何指挥,还是英国士兵们是多么的勇敢,总的来说,这都是一场强弱悬殊的作战,英国士兵除了自己这条命之外,几乎是什么都没有。没有空军支援,没有海军的牵制,只能靠自己作战;他们几乎没有重武器,只有一些轻武器可以使用。可能是英国人把精力都用在了防线上,军队的武装反而落后。而德国登陆部队,面对着一道完好的防线,但是德国也在尽可能地保证士兵们的生命,利用空军和海军帮助陆军登陆。

联合舰队毕竟占有优势,特别是联合舰队中的意大利维内托级战列舰的381mm口径主炮火炮,每次进行炮击,都会产生世界末日般的后果。虽然英国人以自己的海军为荣,但也不是所有人都见识过战列舰之间的战争。开战以来英军都是被歼灭,已经没有有战斗经验的士兵让丘吉尔使用。所以一见到意大利维内托级战列舰的齐射,本能地感到害怕。这再次证明了,普通人就是普通人,永远别想和军队对抗,哪怕对手是意大利人。

在明显的劣势下,英军所依仗的20门380mm主炮,一个接一个地被处在绝对优势的联合舰队拔出。一声声惊天动地的巨响,在硝烟散去之后,只能看见一个个变成了废铁的炮台。扭曲的炮管和仍未散尽的硝烟证实着这里刚才遭到了多么重大的打击。虽然联合舰队也有损失,但是比起英国人所遭受的损失来看,就显得微不足道了。

等待所有的英国重炮全部哑火之后，联合舰队开始清扫海岸上面的屏障，给登陆的德国装甲集群足够的空间，随着一声声爆炸声，那些障碍物直接被轰平。这个时候双方也明白，这次登陆作战已经开始了。虽然已经失去了炮台的支援，但是英国士兵还是利用所有的火炮对海面上进行扫射。

"是时候了！"古德里安大喝道，"根据陛下命令，蓝色计划第二部分正式开始！命令所有士兵，务必恳求他们打好这一仗，因为这将决定着德国和英国两国的命运！"

"是，将军！"参谋官好像也被古德里安的话所感染，信心百倍地下去传达命令。随着古德里安的命令，上千艘运输船和驳船，满载着德国装甲集群的士兵向多佛尔海滩上冲去。冒着枪林弹雨的阻挠，这些船员们仍然勇敢地前进，这些人中不乏被英军榴弹击中的士兵，但是他们仍然向前，向前，再向前。

1942年11月7日，阿拉曼战役宣告结束，英军取得了胜利。德军4个精锐师、8个意军师被歼，伤亡2万，被俘3万，损失坦克450辆、大炮数千门。英军也付出沉重代价，伤亡1.35万，损失坦克500辆、大炮400门。此次战役，英军以其海空优势，封锁和破坏对方后勤补给线，使德军难以在沙漠地区机动兵力和持久作战。英军根据地形、敌情，及时改变部署，集中优势兵力，实施正面进攻，以德意步兵阵地和有生力量为打击重点，使德军坦克部队因缺乏步兵支援难以固守阵地只得退却。德军则利用沙漠草原地带布雷迅速的特点，广泛设置雷区，依托高地进行防守，以近战火力重创英军(杀伤英军1.3万人，击毁坦克500辆)，对阻止英军集群坦克进攻起了很

谋聚集地

大作用。但由于德意联军兵力、兵器、油料、弹药、粮食和饮水都得不到补充，终于被英军击败。

阿拉曼战役，英军取得了胜利，但因英军冲击不果敢，行动迟缓，未能全歼德意联军。尽管如此，此役仍是第二次世界大战非洲战场的转折点，使北非战场出现了有利于盟军的态势。从此，战争主动权落入英军手中。

桑赫斯特小百科

　　桑赫斯特军事学院毕业的约翰·弗雷德里克·查里斯·富勒在校时酷爱军事理论课程，常与教官探讨深奥的军事理论问题。校长在他的毕业评语上曾写道："必将成为有影响的军事理论人才。"1898年毕业后，参加了英布战争。1913年至1914年，他发表了两部军事著作《地方军步兵训练评论》和《练为战》。第一次世界大战期间，任英军第2集团军司令部参谋、坦克军司令部作战参谋等职。战后著有《大战中的坦克》《战争的革新》等著作，成为装甲战和机械化战争理论的先驱者和积极倡导者。

第二课　陆军上将伊恩·汉密尔顿

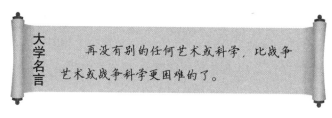

大学名言

再没有别的任何艺术或科学，比战争艺术或战争科学更困难的了。

参战经历

　　缅甸是中南半岛上最大的国家，位于中印两国之间，是连接南亚与东南亚的纽带，战略地位十分重要。早在16世纪初叶至17世纪70年代，缅甸就成为欧洲殖民者争夺的目标。18世纪中叶，英国取得对印度的控制权后，即觊觎缅甸，多次派人前往缅甸谈判，企图迫使缅甸与其签订不平等条约，并以此为名进行侦察活动，积极为其对缅甸殖民扩张做准备。19世纪初，英国逐步在印度站稳脚跟，为了打通印度与马来半岛英属殖民地的联系，并打开从西南入侵中国的门户，进一步扩大其对亚洲国家的殖民侵略，便把侵略扩张的矛头指向了缅甸。在1824年至1885年的60多年时间里，英国殖

参谋聚集地

【军校语录】

人的智慧掌握着三把钥匙：一把开启教学，一把开启字母，一把开启音符。知识、思想、幻想就在其中。智慧表现在下一次该怎么做，美德则表现在行为本身。

民统治者连续对缅甸发动了三次侵略战争，最终侵占缅甸全境，使缅甸沦为英属殖民地。

第三次英缅战争爆发后，英军就拿着事先绘制的伊洛瓦底江沿岸缅军要塞分布和地形图作战，掌握了战场主动。第三次战争(1885年)始于英国的又一次侵略。英国利用受到缅甸政府科以罚款的英商公司的上诉作为发动战争的口实，企图兼并整个缅甸。10月22日，英国向缅甸政府发出最后通牒，要求赋予英国监督缅甸外事活动的权力。缅方接受了这项要求。尽管如此，预先部署好的英军还是发动了进攻。11月14日，英军占领边防要塞敏赫拉，直逼缅甸首都曼德勒。缅甸正规军抵挡不住在数量和装备上占有优势的英军。11月28日，英军开进曼德勒。1886年1月1日，缅甸被宣布为英国领地，作为英属印度的一个独立省。为了反击英国的奴役，缅甸境内开展了反对占领者的游击战争。直至19世纪末，才被英国人镇压下去。

两次被推荐为维多利亚十字勋章获得者候选人

汉密尔顿在1870年报读了桑赫斯特皇家军事学院，在学院的第一年就成功通过录取的考试。1871年，他驻扎在印度的戈登高地参加了阿富汗战争的一部分。在第一次布尔战争的战斗中他不幸受伤后被俘。但是在他回到英格兰养伤时，在那里他却被视为英雄，并介绍给维多利亚女王。1882年他被任命为尼罗河探险队的队长，参加了1884年至1885年的冒险，获颁"Khedive's star"勋章。在缅甸1886年至1887年，他成为名誉中校。从1890年至1893年在孟加拉他成为上校并获颁卓越服务勋章，1897年至1898年他成为第3旅的旅长。

在第二次布尔战争中，汉密尔顿在从布隆方丹到比勒陀利亚这将近400英里的战场，参加了10场对垒布尔人的重要战役，他两次被推荐为维多利亚十字勋章获得者候选人(当时这被认为是不恰当的，因为他的军阶太高了)。后来汉密尔顿率领印度军团作为日军一方参加了日俄战争，他是在日俄战争爆发后第一个抵达日本的西方人。后来汉密尔顿在1905年至1910年之间在南方司令部服务。

基奇纳任命汉密尔顿领导地中海盟军远征军占领土耳其的达达尼尔海峡及君士坦丁堡。当时汉密尔顿已经62岁了，由于当时协约国在埃及和希腊群岛仓促中集结了一支近8万人的远征军。但是这样的军队由于国籍、信仰甚至种族都各自不一。汉密尔顿有很多新战术想法是一些老军人（将军）无法接受的，加上缺乏敌方情报及轻视对手，所以整个陆地战役从开始到结束都是灾难性的壮举。

根据计划，英军和澳新军团在同一天分别从两个不同登陆点上岸，在掩护舰队实施炮火准备后，协约国部队同时展开登陆行动。但是由于澳新军团士兵缺乏训练，再加上对半岛地形一无所知，军事情报也严重不足。在遭到土耳其军队猛烈反击后才勉强登陆并建立了滩头阵地，但是军队根本无法把部队有效展开，陷入了难以防守的境地。

5月开始，土耳其军队大举反攻协约国。随着夏季的来临，半岛上的澳新军团士兵因气候不适导致非战斗减员持续增加。但协约国为了赢得此次行动的胜利，又调配了3个师的英军前往半岛。与此同时，土耳其军队也在集结，准备迎击协约国新一轮的进攻。

进入8月，新一轮的登陆战和5月的登陆战一样又开始陷入僵局。这时候汉密尔顿被召回并被解除了指挥权，察尔斯·门罗将军接替他继续指挥这场没有希望的战争。

这场战争是伊恩·汉密尔

顿一辈子的耻辱，他在1915年10月16日回到伦敦，结束了军事生涯。

伊恩·汉密尔顿，全名伊恩·斯坦迪什·蒙蒂思·汉密尔顿（Ian Standish Monteith Hamilton），陆军上将，参加过第二次阿富汗战争、第一次英布战争、马赫迪战争等。他被认为是一位极具天赋的军官，因勇敢、富有魅力和智慧出众而闻名。

伊恩·斯坦迪什·蒙蒂思·汉密尔顿于1853年1月16日出生于科孚，他是克里斯坦·汉密尔顿和玛丽亚的儿子。1856年，伊恩的母亲在他的弟弟维若克出生时难产而死，给伊恩带来了很大的悲伤。在1870年提出参军申请前，他在切姆和威灵顿学院接受教育。

1872年，汉密尔顿被陆军录取，和萨克福团一起在桑赫斯特军官学校参加短期培训。不到一年时间，他于1873年11月转调到位于印度的第92高地联队，开始了他长达25年的海外服役生涯。1878年11月至1880年9月，汉密尔顿参加了第二次阿富汗战争，并赢得弗雷德里克·罗伯茨将军的注

意。在汉密尔顿中尉带头发动的强烈请愿下，第92高地联队1881年被调往南非参加第一次英布战争。1881年2月，汉密尔顿随科利将军参加了马朱巴山的战斗，战斗中他十分英勇，在27日一度被俘，并且左腕重伤。汉密尔顿因为这次英勇行为被推荐授予维多利亚十字勋章，但是因为过于年轻而未被批准。随后汉密尔顿回国养伤，在国内他作为战争英雄受到了维多利亚女王的招待。在利斯特医生的杰出医术下，他的左腕得以保全。

在参谋学校进修之后，汉密尔顿接受了就任马德拉斯司令的弗

雷德里克·罗伯茨勋爵的邀请，成为他的副官。随后他于1882年2月跟随罗伯茨回到印度，并晋升为上尉。在为罗伯茨撰写报告和演讲稿的工作中，汉密尔顿的文字功夫日趋熟练。1885年，出版了他的第一本书《未来的战斗》。这本书的思想被应用于驻印部队的训练中，尤其使部队的步枪射击水平获得了提升。汉密尔顿还出版了一本诗集，并为《马德拉斯邮报》撰写专栏文章。在文字中，他显示出一个思考者和理想主义者的特质。

1884年9月至1885年4月，汉密尔顿参加了为解救在喀土穆被围的戈登而从尼罗河南下的远征，负责指挥第1高地联队。这次由沃尔斯利发动的远征最后归于失败，但汉密尔顿却表现不俗，并被提升为少校。之后，他返回印度参加了1885年11月至1886年1月的第三次缅甸战争。1887年2月，他和简·缪尔，一位格拉斯哥商人的女儿结婚。同年6月，汉密尔顿晋升为中校。他这时已经是一个资深军官，并和亨利·罗林森私交甚好。汉密尔顿随后担任负责射击训练的将军助理，得以按自己的方式进行来复枪的射击训练。他的努力使得驻印部队的射击技术获得广泛好评，他的训练方法也从1893年开始在全军得到推广。

1891年，汉密尔顿晋升为上校。在罗伯茨离开印度之后，他在新总司令乔治·怀特的麾下担任军事助理。1895年8月，他被任命为驻印部队代理军需将军。2年后，他结识了温斯顿·丘吉尔，并与之建立了深厚的友谊。同年，他在一次行动被任命为旅长，率部获得进展，但不久因为堕马受伤而离职。1898年2月，汉密尔顿再次负责指挥一个旅参加了在印度西北部边界发动的蒂拉赫远征。1898年3月，他离开印度前往位于海斯的射击学校担任司令，但第二次英布战争再次改变了他的职务。

1899年10月，汉密尔顿前往南非，就任乔治·怀特爵士的纳塔尔部队的参谋长。10月21日的埃兰兹拉赫特之战中，他以少将军衔指挥第7步兵旅，取得巨大的

【参谋谈军事】

　　我们将不惜一切牺牲保卫我国本土，我们要在滩头作战，在登陆地作战，在田野、在山上、在街头作战，我们在任何时候都决不投降，即使整个英伦岛或大部分土地被占，我们饥寒交迫，我们所有由英国舰队武装和保护的海外帝国也将继续战斗。

成功,并荣获维多利亚十字勋章。1899年11月2日至1900年2月28日,他被围困于莱迪史密斯。由于汉密尔顿没能充分加强他所辖防区的防御阵地,结果在布尔人围攻瓦根山时英军损失惨重。尽管如此,他仍被罗伯茨勋爵任命为当地的中将指挥官,率部从布隆方丹向约翰内斯堡进军。1900年5月,他指挥一个师在一次精心策划的战斗中夺取杜伦科普。6月至11月,他参加了几次与残余的布尔人小部队的战斗。当罗伯茨返回英国后,他任基钦纳的参谋长并指挥了几次作战行动,并于1902年4月11日在鲁伊瓦尔取得大捷。5月31日,他出席了在费雷尼欣举行的和平条约签字仪式。1903年至1904年返回英国任军需总监。1904年2月至1905年9月,他在日俄战争期间担任军事观察团团长,随日军在中国东北观战,其后根据其考察情况出版了《一个参谋军官的所见所闻》。1909年起任英国南部防区的司令官和陆军副官署署长。后在反对罗伯茨勋爵的征募计划中起到带头作用。1910年10月,他出任地中海英军总司令。1914年晋升上将。

    1914年8月战争爆发后,他和约翰·弗伦奇争夺英国远征军总司令一职失败,转任英国本土陆军总司令,负责组织防御、扩充军备并转运往欧陆。1915年3月,基钦纳决定对加利波利发动一次海上攻击,控制达达尼尔海峡以进一步攻击君士坦丁堡。在丘吉尔的支持下,汉密尔顿出任英国地

中海远征军总司令,指挥4月25日在加利波利的登陆作战。

    由于一开始计划以海上攻击为主而非登陆作战,伦敦的陆军部没有来得及制订作战计划。汉密尔顿只接到粗略的指示,但如何把这些指示发展成为一个紧密结合的战役却得不到任何帮助。他急急忙忙不带后方勤务人员就赶往东地中海,所确定知道的只是去指挥一支远征军入侵加利波利和消灭敌人而已。汉密尔顿对于他的敌人的唯一知识,来自于1912年的土耳其陆军操典、一张不完善的

作战区域地图和在最后一分钟冲进书店买来的君士坦丁堡旅游指南。在他离开伦敦的时候，他甚至没有选定在半岛的登陆地点。汉密尔顿率领的部队大部分是澳大利亚和新西兰军，还有一个法国师和本地的印度人部队(廓尔喀人)，共约7.8万人，集合起来对付由德国将军利曼·冯·赞德尔斯指挥的新建的有8.7万人的土耳其第5集团军。土耳其的宿敌希腊，志愿出兵3个师入侵加利波利和从西进攻君士坦丁堡，但沙皇政权激烈反对。俄国宁愿丧失一切，也不愿冒让希腊染指土耳其领土的些微风险。

> **【军校语录】**
>
> 人生的价值，即以其人对于当代所做的工作为尺度，路是脚踏出来的，历史是人写出来的。人的每一步行动都在书写自己的历史。

由于缺乏适当的装备和支援、地形复杂困难、指挥官互相缺乏合作，以及穆斯塔法·基马尔的敏捷行动，英军的登陆作战代价十分高昂，未能获得稳固的滩头阵地。随着援兵的到达，8月6日至8日再次实施进攻，但再次以失败告终。登陆部队在海滩上处境十分困难，仅8月间的伤亡就在4万人以上。面对这种不利局面，汉密尔顿坚决反对撤兵的提议，这导致在10月被解职并召回国内。回国后汉密尔顿获得了北方战区司令官的职位，但他拒绝任职，并从此没有再担任指挥职务。

战后，汉密尔顿夫妇收养了一个儿子和女儿，并在复员军人福利工作中十分活跃。他继续写作，出版了几本关于其军旅生涯和加利波利战役的书，其中以1920年出版的《加利波利日记》和1944年出版的《听那鼓声》较为有名。1947年10月12日，伊恩·斯坦迪什·蒙蒂思·汉密尔顿爵士卒于伦敦。

个人评价

汉密尔顿被认为是一位极具天赋的军官，因勇敢、富有魅力和智慧出众而闻名，并有着不俗的文学素养。他对加利波利的失败只负有部分责任，这是因为整个行动具有以下特点：措施和手段不足、指挥官们力不胜任，以及计划不明确。

汉密尔顿是一个语言天才,除了英文,他还能说德语、法语和印度语,是个迷人、典雅和亲切的典型英国上层社会精英。他两次被推荐授予维多利亚十字勋章,但在第一次被认为太年轻了,而第二次则是军阶太高了。他的左手几乎残废,因为手腕在第一次布尔战争中受重伤。他的左腿比右腿短是在一次堕马而导致的伤害。

他也写过几本书籍,其中有一本诗集被他人描述为淫秽读物。他的日记中关于加里波利之战,他说过:"这没有什么,只是其中一方一定不会赢得这场战争。"1934年,汉密尔顿曾经参加拍摄战争纪录片《被遗忘的男人》(Forgotten Men),但是他已经83岁高龄了。

晚年生活

退休后,汉密尔顿是退伍军人组织的领袖人物。汉密尔顿也是1928年创立的英德协会的创始成员和副主席,促进了英国亲德情绪。汉密尔顿与该协会在希特勒崛起后,形容希特勒为"一个伟大的阿道夫·希特勒",并以希特勒仰慕者自居。汉密尔顿一生完成83个各种不同工程,以8种语言出版过168本著作,许多图书馆都珍藏其作品。

汉密尔顿享年94岁。

桑赫斯特小百科

伯纳德·劳·蒙哥马利,1907年1月30日考入桑赫斯特皇家陆军学院。入校6个星期后,就被提升为一等兵。第一个学期结束后,校长对他考试成绩的评语是"成绩优异"。毕业后,曾任副官、旅参谋长、师二级参谋、军一级参谋、参谋学院教官、步兵旅长和师长等职。第二次世界大战爆发后,蒙哥马利先后任军长、东南军区司令、第8集团军司令;在北非,他率部击败"沙漠之狐"隆美尔,横扫北非,彻底扭转了北非战场的局势。

第三课 英国军事理论家富勒

> **大学名言**
>
> 侵入一个国家或许容易，但要想撤离这个国家却很困难。

　　富勒（John Frederick Charles Fuller 1878—1966），英国军事理论家和军事史学家。参加过第一次世界大战。历任坦克部队参谋长、参谋学院主任教官、英军总参谋长助理、野战旅旅长，获少将军衔。他一生著述颇多，涉及的军事领域也十分广泛，先后研究过步兵战术、机械化战争理论、国际政治和国家防务以及军事历史等。不过他最重要的理论贡献还是在机械化战争论方面。著有《西洋世界军事史》《装甲战》等30余种军事著作。

　　富勒从小没有接受多少正规教育，在上学期间成绩就很不好。考虑到这些实际情况和他的未来前途，在富勒18岁的时候，他的

父亲想方设法给他弄到一个桑赫斯特皇家军事学院的入学考试名额。虽然基础很差,但经过一年"填鸭式"的文化补习后,富勒居然顺利通过了学院的考试,但是这样还并不能取得桑赫斯特皇家军事学院的后备军官的学生资格。富勒在身高、体重等方面都未能达到学校的要求。已经19岁的富勒这时身高才1.63米,体重也只有51公斤,大家都叫他"丑小鸭"。这时学校虽然允许富勒参加课程学习,但要求他必须在学业结束前达到相关要求,否则将取消他的候补军官资格。

"丑小鸭"的绰号和学校的种种要求刺痛了富勒的自尊心,也激起了他的斗志。他决定一边锻炼身体,一边发奋读书。在校期间,富勒如饥似渴地阅读了大量人文学科的著作,哲学、艺术、历史、文学等方面无不涉猎。其涉猎之广、数目之多即使在今天来看,也是令人吃惊的。

经过不懈的努力,富勒不仅在学业上达到了学校的要求,而且身体素质也有了明显的提高。一年后,英国陆军修改了后备军官在身高、体重等方面的要求,富勒都达到了标准。"丑小鸭"终于变成了"白天鹅"。

放弃少将军衔

1918年,富勒被调到英军总参谋部主管坦克的部门工作。当时他已经40岁了,却还扛着一副中校肩章。在总参谋部中校无疑是低级军官。与富勒资历相同的,有些比他年龄小的都已经升为少将。而以当时富勒的经验、能力和资历,他已经具备了少将资格。为什么他没有被升为少将呢?

在这年年初的时候,英国陆军司令部曾考虑过让富勒出任旅长。这是一个可以提升为少将的职务,但当时总参谋部出于富勒在坦克战方面的理论建树和丰富实践经验的考虑,也准备让他出任总参谋部主管坦克的参谋,而一个参谋想要提升到少将几乎是不可能的。在面临选择时,富勒有些犹豫了,毕竟将军军衔对于一名军人来说是一个极为崇高的荣誉。富勒斟酌再三,还是选择了后者。因为他很清楚,

【军校语录】

战争会造就英雄豪杰,会荡涤一切污泥浊水。所有的人都害怕战争。然而,懦夫只是那些让自己的恐惧战胜了责任感的人。责任感是大丈夫气概的精华。

研究装甲战理论，从事军事历史的钻研，才是他一生要为之奋斗的事业。担任主管坦克的参谋将会对他的研究有帮助，而出任旅长将会使他离自己的理想越来越远。在人生的关键时刻，富勒把握住了自己的命运。不然的话，也许英军会因此多一名优秀的旅长，但西方军事史上却会少一位伟大的军事思想家。

还是在年轻的时候，富勒就与一些右翼政治团体的知识界人士关系密切。他参加了他们的许多活动，思想上受到了很大的影响。1930年富勒退休之后，与这些政治团体的关系又明显亲近起来。1932年，富勒应邀给"新大不列颠联盟"讲课。这是一个具有严重法西斯倾向的政治组织。在当时英国民主失衡、四处弥漫着沮丧气氛的环境下，这个组织确实也有一定的市场。

1934年，富勒走出了更加错误的一步。他正式加入了由"新大不列颠联盟"改组后形成的"大不列颠法西斯联盟"。也就是从这时起，他公开认可法西斯主义的一些思想，包括法西斯对犹太人的态度。他在自己的一些文章中也对犹太人进行了谴责。

30年后，富勒为自己这个时期的行为申辩，抱怨人们错误地理解了他的政治观点。他说："我并不反对民主政治，我反对的只是过于泛滥的选举，因为这既不负责任，又缺乏良好的组织。我之所以部分认可法西斯理论，其中一个原因是，他们与我一样都主张建设机械化军队。"

此时，富勒依然没有认清法西斯的本质，只是仅仅看到了法西斯主义很表面的一层，这与他政治思想幼稚、秉性偏激不无关系。像富勒这样一位著名的军事思想家，纵然他在理论上有很高的建树，但他在政治上步入歧途，也会给他的人生历程留下不光彩的一笔。

坦克、战舰和飞机是现代战争中陆海空三大具有代表性的武器,最早提出用强大舰队去夺得制海权的牛人是美国的马汉将军,最早提出把飞机用于大规模轰炸的牛人是意大利的杜黑将军。那么最早提出大打坦克战的牛人是谁呢?就是他——英国的富勒将军,被誉为"装甲兵之父"。

富勒生于牧师家庭,毕业于桑德赫斯特皇家军事学院。他身材瘦小,个性锋芒,属于那种为了捍卫自己的思想不惜与别人拼命的主儿。他的大脑里储存了太多太多的奇思妙想,堪称一位超级天才。但他一天到晚总是一副盛气凌人的模样,所以尽管他很聪明很能干,在军界却并不讨人喜欢。早年间,富勒对步兵战术最感兴趣,天天闷头琢磨步兵怎么打才能达到最好的效果。后来一种铁甲怪物——坦克诞生了,富勒马上被这个新奇的东西吸引,从此把一腔热血都用于研究装甲战。

第一次世界大战爆发后,英国建立了坦克军团,38岁的富勒当上了军团的参谋长。富勒坚信,这种铁甲怪物将会给战争带来惊天巨变;如果一支军队能有数千辆坦克一起出击,那么战争必定胜利!不过很多英国军

界的头头们都是骑兵迷,对坦克这个新产品很怀疑——就那么一个笨重怪异的玩意儿能比战马还管用吗?后来头头们听了富勒的苦心劝告,准备试试看,一开始的效果还挺好,但后来却出事了——在帕斯尚尔战役中,200多辆坦克"严重堵车",严重失败!但富勒觉得,这也不能冤枉人家坦克,因为地形不好,坦克应该在平坦、干燥的地域作战,你硬是让它去跑沟壑不平的烂泥地,能不出事吗?后来富勒想了个办法,让坦克背着一些棍子、树枝作战,遇到堑壕时就把它们扔到里面,这样

坦克就能顺利开过去了。

1919年计划

在1917年著名的康布雷战役中,富勒成功地进行了坦克战,当时英军出动了378辆坦克,对绵延9.6公里的德军防线发动了大规模突击,连续突破四层堑壕障碍,纵深6.5公里,缴获100门火炮,俘虏4000名德军。英军只损失了1500人。后来有人算了一笔账,如果不用坦克,按传统的步兵进攻,最起码得死伤40万!这次战役标志着装甲坦克战争时代的到来。富勒特别高兴,他早就说过坦克的潜能是无限的。接着他鼓捣出来个"1919计划",提议用4000辆坦克突破敌军防线,直逼德国本土,空中则用飞机来轰炸配合地面部队作战。没想到,这个计划刚搞出来,第一次世界大战就结束了,富勒很郁闷,他的伟大计划成了永远的遗憾。但是这个计划却被其他国家使用了,坦克冲锋,飞机轰炸配合,二战中很多国家都是这种打法,尤其是纳粹德国,把这种打法发挥到了极致!

富勒的"1919年计划"虽未能付诸实施,但已在坦克军的军官中间生根。坦克军的军官要求建立独立的兵种,不必依靠其他兵种的支援就可以影响战争的进程。富勒意识到,要实现"1919年计划",必须有步兵、炮兵和航空兵的支援。从20世纪20年代起,他积极主张建立独立的装甲兵,认为装甲兵只有坦克是不够的,还要有归装甲兵指挥的"坦克陆战队(即现在的装甲步兵)"和"皇家坦克炮兵(即现在的自行炮兵)"。富勒的"皇家坦克炮兵"的言论引起英国皇家炮兵的惊恐,炮兵将领担心自己研制出的自行火炮会被坦克军抢走,竟在10年内没有发展自行火炮。

富勒建立独立的装甲兵的理论得到当时还名不见经传的陆军上尉利德尔·哈特的大力支持。利德尔·哈特是位历史学家,在第一

> **【参谋谈军事】**
>
> 必须熟悉历史,不仅仅是那些描写名人和重大事件的琐碎的近代史,而且要了解人类历史发展的主流,从而懂得什么行动创造了伟大的文明,什么破坏了文明。在我们那灿烂的历史中,将添上更加光荣的一页,而且奴隶们最后将会用自己身上的镣铐锻冶成锋利的宝剑,把宝剑亮给他们自由的兄弟们看。

次世界大战时他是步兵,1920年参加修编《步兵训练教范》的工作。他主张以1918年德军渗透战术为基础,进行"洪水式"进攻,用步兵像洪水一样渗入敌方防线空隙,最后将之冲垮。利德尔·哈特最初没有注意到坦克,但同富勒见面后,就彻底改变了对坦克的看法,成为对后世影响甚大的装甲战、机械化陆军的鼓吹者。

1922年,利德尔·哈特发表了题为《"新模范军"的发展》的文章,主张陆军必须全部实现机械化。第一步是师的运输车辆机械化,第二步是炮兵的牵引机械化和履带化,第三步是步兵营的装甲化和履带化。利德尔·哈特还主张未来的陆军应各兵种配置均衡,一个旅应有两个坦克营、3个机械化步兵营和1个机械化炮兵团,旅的通信和勤务分队也应全部机械化。这是机械化的第一阶段,最后形成以坦克为主、机械化步兵和机械化炮兵为辅的陆军。他在文章的末尾还进一步声称,理想的陆军应是拥有众多坦克,并有重炮、飞机的机械化军队。

英国在大战后就解散了在战时组织的庞大的陆军。由于英军在大战中遭到前所未有的惨重伤亡,英国军队开始寻找新的克敌之道。英国一方面把有限的资金用于发展空军,企图以战略轰炸击败、瓦解大陆上的敌国;另一方面把注意力放在坦克和装甲车辆上。英国陆军有意向私人军火制造商提出中标的坦克技术要求,目的不是要用这些新坦克装备陆军,而是刺激陆军和制造商的思想,开阔思路。所以在20世纪20年代,英国坦克制造出现了一个高潮。坦克和装甲车种类繁多,有多炮塔的重型坦克,也有双炮塔、单炮塔的中型坦克,又有双人、单人的轻型坦克。在这一竞争激烈、思想活跃的时代,英国大军火公司维克斯公司独树一帜,在坦克制造领域独领风骚,对除法国以外的各国坦克发展影响甚大。

维克斯公司原是制造火炮的军火公司,但公司看准了坦克的前途,在英国陆军的鼓励下,研制出多种型号的坦克,其最有影响的是"独立"型

"陆上战列舰"重型坦克、"维克斯-中型-Mk Ⅱ"中型坦克和"维克斯-轻型-Mk Ⅵ"轻型坦克。维克斯公司的设计思路受到海军舰队的影响，它把"独立"式重型与炮塔坦克当作主宰战场的战列舰，把"中型-Mk Ⅱ"当成舰队的前锋巡洋舰，把"轻型-Mk Ⅵ"型当作舰队的哨兵驱逐舰，并在"独立"式坦克上首次应用喉头送话器，解决了车内联络问题。但维克斯公司发现多炮塔坦克难以指挥和协调，很快放弃了多炮塔坦克，但多炮塔式坦克却影响了苏联。苏联以"独立式"坦克为蓝本，发展了T—35型5炮塔坦克。"中型-Mk Ⅱ"重量适中、速度快（18英里／小时）、火力适中（一门47毫米炮）、装甲薄，被日本采纳，演变成日本在侵华战争和第二次世界大战中使用的87A式坦克。而"轻型-Mk Ⅵ"坦克则演变成英军在第二次世界大战中大量使用的装甲输送车和轻型自行火炮。

英国不仅在坦克研制领域内百花齐放，在军内关于坦克使用上也百家争鸣。同研制坦克一样，英国陆军也在鼓励这种争鸣。在这场争鸣中，富勒和后起之秀利德尔·哈特上尉大放异彩，为日后的装甲战理论奠定了基础。

利德尔·哈特在1925年至1938年担任英国《每日电讯报》和《泰晤士报》的军事记者、军事顾问时，宣扬机械化陆军理论，他还阐述了被后人，特别是被德国人广泛运用的被誉为装甲战核心的两个基本原则。第一个是以"使敌崩溃"，"使敌秩序混乱、瓦解而无法战斗"的原则，代替了一直被各国陆军奉为经典的"摧毁敌军"理论。要达到这一点，进攻方必须具有很高的进攻速度和进攻深度，进攻速度越快，进攻纵深越大，就越能打击敌人的神经中枢，造成敌军的崩溃。这就是所谓的"力矩原则"。力矩不仅有赖于一个物体的质量，而且有赖于这个质量的作用距离，力臂越长，力矩越大。"力

【军校语录】

当智慧骄傲到不肯哭泣，庄严到不肯欢乐，自满到不肯看人的时候，就不成为智慧了。智慧的可靠标志就是能够在平凡中发现奇迹。生命的价值，正是在跑好自己承担的这一里程中体现出来的。人的生命虽然有限，但人用生命所创造的价值，却可以与世长存。生命的价值在于使用生命。人不应该像走兽那样活着，应该追求知识和美德。

矩原则"便是利德尔·哈特的第二个原则。富勒和利德尔·哈特的观点，在英国陆军传统人士眼中简直是异端邪说，遭到猛烈抨击。传统人士认为，建立这样的军队耗资巨大，在平时无法维持；还说机械化理论没有考虑人的因素，主张保留骑兵。

然而英国军内军外的坦克支持者如此之多，英国陆军大臣于1926年在英国国会宣布：英国陆军将成立"机械化试验部队"。这是世界上第一支机械化部队，相当于一个旅，有一个装甲汽车营、一个中型坦克营、一个野战炮兵营、一个山地榴弹炮连（均由履带式车辆拖拽）、一个乘半履带式装甲车的步兵营和一个乘卡车的工程兵连。这支部队的指挥官是名扬四海的富勒少将。

富勒兴高采烈地走马上任，但一上任他就大失所望。这支沸沸扬扬的"机械化试验部队"其实是一个最普通的步兵旅。更糟的是富勒还成为英格兰最大的陆军基地之———提德沃斯要塞的司令，吃喝拉撒睡无所不管，根本无暇进行机械化部队的试验。富勒在失望之余竟辞职了，又干起原来的参谋工作，从事未来战争样式的研究，写了后来被德国军队在北非沙漠广泛运用的著作《野战勤务条令讲义·第二卷》。富勒在这个讲义中继续阐述他的观点：由于坦克的出现，突破堑壕将成为可能，1914年至1918

年的阵地胶着战将被区域机动战取代，阵地会受到来自任何方向的进攻，反坦克炮将用于重点防御地区，它将是进攻方炮兵的首要打击目标……1933年，讨厌军事理论家的"奇谈怪论"，特别厌恶

富勒的阿奇巴尔德·蒙哥马利·马辛伯德爵士出任英军总参谋长。

富勒在1926年辞去了"机械化试验部队"指挥官的职务，但这个部队还是按原来的设想组建起来，由柯林斯上校指挥，于1927年至1928年在英格兰南部的索尔兹伯里平原进行了演习。这次演习暴露了组建独立的装甲兵所存在的许多难题。第一个问题是如何对大量运动着的坦克进行指挥和控制；第二个问题是坦克如何与机械化步兵和炮兵协同；第三个问题是如何在野外为坦克等车辆加油和维修；第四个问题是如何确保坦克不出故障。英国人在坦克与其他兵种的协同和坦克的可靠性等难题面前后退了。1929年英国解散了这个"机械化试验部队"，转为建立只有坦克的装甲部队，并采用故障率低的轻型坦克。其结果是剥夺了装甲部队的左膀和右臂——机械化步兵和机械化炮兵。后来的实践证明，轻型坦克不是坦克的发展方向，它在坦克与坦克或坦克对反坦克炮的交锋中不堪一击。1931年，英国建立了第1坦克旅，下辖4个坦克营，没有其他兵种，不能独立作战。

英国的装甲兵在以后的3年里停滞不前，直到1934年才又组建了一个坦克旅，内有步兵和炮兵，但又引起步兵和炮兵的反对，发展受到限制。这一时期唯一值得一提的是，英国陆军根据1927年至1928年索尔兹伯里平原演习和试验的经验，写了《机械化装甲分队的条令草案》，设想了以后旅一级和师一级装甲部队的组织结构，认为在通信问题解决后，可以组建由诸兵种组成、可以独立作战的装甲旅、装甲师。不幸的是，这个草案在英国没有人读，却被一名上尉将草案连同维克斯公司的新型坦克方案一同卖给

了德国人,成为德国军官的必读书,为德国装甲兵的发展注入了一支催生剂。

一战后的富勒继续搞他的坦克战,但战争结束了,军界的头头们就不会用坦克了,没有人相信坦克会成为陆战的主角。一战时的英军司令黑格元帅就说,坦克仅仅是人和马匹的辅助工具而已。富勒很气愤,为了他的坦克,天天和那帮反对者吵架、抗争,还开始写书撰文使劲宣传。这是一个人和一群人的斗争!富勒奋笔疾呼:坦克将成为陆战主角,能赢得大的战争!堑壕战过时了!像法国的马其诺防线貌似很强大,但早晚有一天会成为法国军队的坟墓……军界头头们实在无法忍受这个猖狂的家伙,富勒在陆军中也混不下去了,最终于1933年以少将军衔退役。

退役后的富勒依然执着,继续大力宣传他的装甲战理论,虽然还是没人搭理他。他也只有在文章里做做他的"装甲战之梦"。如果真的有人让他指挥一支大规模的装甲部队去冲锋陷阵,那他简直能乐疯了。遗憾的是直到1966年去世,他也没能"披甲上阵"。

富勒的装甲战思想在当时的英国不受重视,但很多大脑前卫的军官还是窥见了坦克的巨大威力,诸如法国的戴高乐、美国的巴顿、俄国的朱可夫等。尤其是德国的古德里安,后来在希特勒的支持下,一手打造了威震世界的德国装甲部队。二战期间,富勒的思想被古德里安实现,德国坦克横扫欧洲,碾碎了英法的帝国旧梦!闪电战威震世界!

桑赫斯特小百科

对于桑赫斯特皇家军事学院,蒙哥马利元帅曾经说:培养有道德,有知识,有强健体魄的军官去领导英国士兵是桑赫斯特皇家军事学院义不容辞的职责。古老而闻名的桑赫斯特,以独立魅力的风格,塑造了一批杰出的军事人才,不仅让皇家感到自豪,而且令世界瞩目。

第四课　桑赫斯特名人榜——利比亚领导人奥马尔·卡扎菲

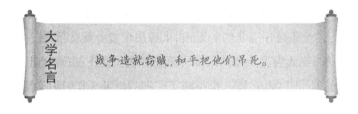

大学名言

战争造就窃贼,和平把他们吊死。

生平简介

　　奥马尔·穆阿迈是南部费赞沙漠地区苏尔特的一个柏柏尔人普通牧民家庭,属柏柏尔人的卡扎法部落,笃信伊斯兰教。1969年9月1日,卡扎菲领导"自由军官组织"推翻伊德里斯王朝,建立了阿拉伯利比亚共和国(1977年3月2日,改名为阿拉伯利比亚人民社会主义民众国),出任革命指挥委员会主席兼武装部队总司令,并晋升为上校。此后,卡扎菲执政长达42年。2011年3月19日美国海军向利比亚发射了110多枚战斧导弹,北约对利比亚的战争爆发,在持续了5个多月的内战后,利比亚反对派武装于2011年8月22日攻入首都的黎波里,卡扎菲政权正式垮台。

　　卡扎菲,利比亚革命警卫队上校,前利比亚最高领导人,曾领导"自由军官组织",为利比亚1969年9月1日革命的精神领袖,推翻了亲西方的伊德里斯王朝,并建立了阿拉伯利比亚共和国。长达42年的统治使他成为阿

拉伯国家中执政时间最长的领导者。卡扎菲是一个富有争议的人物，世人对他的评价毁誉参半。即便在被西方制裁长达10年的过程中，凭借丰富的石油资源，卡扎菲控制的利比亚成为非洲最富裕的国家之一。

　　2011年10月20日，卡扎菲被执政当局武装俘获，头部和腹部中弹受伤，因伤势过重而死亡。他的死为利比亚的战争画上了一个句号，同时也标志着利比亚的"卡扎菲时代"宣布结束。哥伦比亚大学政治学教授马姆达尼对此事件评论说："利比亚在非洲是有代表性的：津巴布韦、肯尼亚、象牙海岸、乌干达，这些国家的民主运动都不是全国性的，反对派都想走捷径。我知道的所有非洲反对派都在等待北约的干预，来解决权力分配的问题——不是民主，是权力。我认为这个办法对非洲是不好的。另外，在利比亚发生的变故，尤其是对卡扎菲的处理，也吓坏了非洲的领导人们，他们都被吓得动弹不得了。"

成长历程

　　1942年，卡扎菲出生在利比亚沙漠中部，苏尔特以南50英里的阿布哈迪。他的父母都是不识字的贝都因人。卡扎菲的家庭是一个传统意义上的部族家庭，他有3个姐姐，全家都靠出租骆驼维持生计。

　　1951年，利比亚获得独立时，卡扎菲还在苏尔特一所小学读书，他是家族中能读和写、受过正规教育的第一人。卡扎菲学习很用功，白天在学校上课，晚上就睡在清真寺的地板上，一周回家一次，来回都是徒步。那时的他一脸严肃、沉默寡言、虔诚笃信。因为是班里最大的学生，又是贝都因人，他常常被同学嘲笑。

　　14岁那年，卡扎菲到位于利比亚中南部的一个小城塞卜哈读中学。塞卜哈可以说是卡扎菲革命生涯的起点。他在那里定期接触阿拉伯报纸与电台广播，特别是收听来自开罗的"阿拉伯之声"，里面传出的埃及领导人纳赛尔雄辩有力的讲话，深深地吸引了少年卡扎菲。1952年，纳赛尔发动的革命，使埃及进入一个新时期。埃及的反帝国主义、支持阿拉伯民族主义的外交政策以及主张平等、社会主义的国内改革，受到中东地区民众的广泛欢迎，埃及获得了前所未有的支持和尊

重。纳赛尔的《革命哲学》成了除《古兰经》之外，对卡扎菲影响最大的一本书。他认识到"武力"的神奇，"殷切盼望着向敌人开火"。

另一方面，此时的卡扎菲已从一个封闭地区来的乡巴佬，成长为英气十足、初具个人魅力的少年。一群志同道合的朋友开始围绕在卡扎菲身边，其中很多人成为他信赖的亲密助手，这大概是塞卜哈生活给他带来的另一个转变。卡扎菲开始表现出强烈的政治参与愿望，曾经沉默寡言的男孩子，已成长为一位雄辩者。他经常站在公园的墙上对同伴慷慨陈词，以至于他的朋友有时要随身带着一把小凳子，以便能让他站在凳子上演讲。不久，卡扎菲便因组织政治游行而被学校开除。

卡扎菲后来到利比亚第三大城市米苏拉塔读书。在这里，他的视野更加开阔。上世纪60年代，阿拉伯世界是一个各种政治组织躁动不安、竞相争取支持的舞台。卡扎菲在米苏拉塔读书期间，也正是他政治理论建构的关键时期。卡扎菲明显对政治人物感兴趣，他读了很多领袖人物比如林肯、凯末尔的传记，还看过孙中山的文集等。

意识到武装力量的重要，1963年，卡扎菲放弃了已经学习了两年的大学历史专业，加入保卫国王的精锐部队——昔兰尼加卫队，进入利

【军校语录】

　　要进行战争只有一个借口，即通过战争我们可以生活在不受破坏的和平环境中。

比亚皇家军事学院学习。学院的英国教官洛上校，对这位持强烈反西方态度的青年军官印象不佳，评价说"他是我们最落后的学员"，"在班加西军事学院里，别人能做到的，他要花成倍的时间；98%的学员通过了考试，只有2%的学员没通过，他就是其中之一"。

奇怪的是，在卡扎菲从班加西军事学院毕业的第二年——1966年，他获得了去英国培训的机会。其间，他曾在波沃顿完成皇家空军中队信号教导员的课程。不过卡扎菲后来承认，他是靠欺骗手段获得了这个机会：他宣称自己是一名亲英人士，并声明英国军队是利比亚宝贵的财富。卡扎菲业余时间表现出来的兴趣主要是足球和阅读，其英国指导员给了他很高的评价："一个幽默、有趣味的军官，总是乐观向上，工作起来很努力，并且勤勤恳恳尽职尽责。"

半年的培训学习结束后，卡扎菲回到利比亚担任通讯兵团中尉军官。实际上，早在1969年1月，卡扎菲便想有所行动，后来因种种原因，一再推迟；7月，利比亚国王伊德里斯一世去土耳其和希腊度假。8月，国王把利比亚上、下议院领袖召到希腊，宣布退位，王位交给侄子侯赛因王储，利比亚局势更趋混乱。

一个突发事件成了革命的导火索：1969年8月21日，一个澳大利亚宗教狂热分子，在耶路撒冷旧城里纵火焚烧了伊斯兰教三大圣地之一阿克萨清真寺，伊斯兰世界群情激愤。卡扎菲召集身边的青年军官，决定在9月1日采取行动。他发动了九月革命，推翻了伊比利斯王朝，建立了阿拉伯利比亚共和国。

卡扎菲是利比亚作协的非名誉主席，2001年6月，长江文艺出版社在国内出版了《卡扎菲小说选》，李荣建译。

人物形象

卡扎菲是一个虔诚的穆斯林，他执政后在利比亚提出恢复伊斯兰教的"纯洁性"的口号。利比亚原是酒的出口国，但卡扎菲颁布法令禁止酿酒和出售一切烈性饮料。卡扎菲出身游牧民族，主张部族社会的自然公平，他反对奢侈豪华，过着简朴的生活。他本人生活十分简单，仅喜欢喝矿泉水和驼奶。他喜欢住帐篷而不喜欢住豪华宅邸，喜欢骑骆驼而不爱坐高级轿车。他的妻子和儿女一直住在的黎波里的军营里。他在帐篷里办公和会见外宾。1989年，他到南斯拉夫出席不结盟首脑会议，就住在自己带去的帐篷里。革命成功后，他的父亲在首都贫民的窝棚里住了很长一段时间。卡扎菲说，等所有的人都有了适当的住房，他父亲才有像样的住所。

无论任何场合，卡扎菲总是身着同一颜色的服装，有时是白衣、白裤、白鞋、白头巾、白手套，外披一件镶着金边的白色斗篷；有时是黄色卡其布军服，戴同样颜色的头巾，在十几名保镖的护卫下出场。卡扎菲的饮食十分简单，早餐是面包和驼奶。午餐多为烤牛肉或烧牛排，外加利比亚汤，有

时也吃柏柏尔人爱吃的古斯古斯。他喜爱足球运动,是意大利老牌球队尤文图斯队的股东。

卡扎菲是个具有传奇色彩的人物,他的行动常常令人难以捉摸。这是因为他从小在沙漠里长大,过惯无拘无束的游牧生活,加之上学时喜欢看乌托邦和无政府主义的书籍,因而养成了放荡不羁的性格。比如,1988年,他亲自开推土机推倒的黎波里监狱的大墙,放出400名政治犯。卡扎菲反美,但对释放在黎巴嫩和菲律宾扣押的西方人质发挥了非常重要的作用。当他忧伤时,他不是醉心于文学创作,就是一人到沙漠的帐篷里静思,聆听真主的声音。卡扎菲善于演说,他讲话从不用讲稿,口若悬河,慷慨激昂,不时挥舞着双手,显示出勇气和力量。他喜欢用戏剧性的行动表达自己的思想和政策,因而常常引起人们的非议和讽刺,甚至说他是"言行无度、不合情理"的怪人。1988年,在阿尔及利亚举行的阿盟首脑会议上,卡扎菲右手戴了一只白手套,说这是为了与"美国走狗"握手时不至脏了自己的手。2000年7月,卡扎菲率领由200多辆汽车组成的庞大政府代表团,白天驱车赶路,夜宿临时搭的帐篷,浩浩荡荡地穿越撒哈拉大

【军校语录】

　　最大的决心会产生最高的智慧。哪里有智慧,哪里就有成效,哪里有智慧,哪里就有道路。

沙漠,前往多哥首都洛美,出席非统组织首脑会议。他的这一行动一是他要通过此举宣传他建立"非洲联盟"的倡议;二是他要用事实向人们证明,他修建穿越撒哈拉大沙漠高速公路的主张是可行的。

　　中国驻利比亚前任大使王厚立也曾在文章里提及过与卡扎菲有关的两个小故事。有一次,卡扎菲突然来到开罗,说有急事要立即会见穆巴拉克总统。当时中国的国务院领导人正在埃及访问,穆巴拉克只好解释说:他实在拿这位兄弟没办法,只好立即见他,请原谅。几年前,中国建筑工程总公司承建了班加西附近的一片新住宅楼,可是楼房刚盖好,就被附近许多居民抢占入住。当地主管部门没有办法,只好向上头反映。卡扎菲知道后接见了住户代表,对他们说:"你们是国家的主人,房子就是为你们盖的,住下吧!"于是众人高呼:"卡扎菲万岁!"2006年3月,喀土穆峰会前夕,外界猜测卡扎菲十有八九不会出席,而他却在峰会开幕前两天就抵达喀土穆,成为最早抵达的阿拉伯国家元首,弄得东道主苏丹措手不及。在卡扎菲座机降落前不到一小时,东道主才知道他要大驾光临,赶紧铺红地毯,还好赶在飞机降落前准备停当。正在参加阿拉伯外长会议的阿拉伯联盟秘书长穆萨得知消息后,赶紧离开会场直奔机场……谁知会议只进行到一半,卡扎菲就提前打道回府了。

　　美国中央情报局有很多情报,都指向卡扎菲的怪诞。有份报告说,他在1985年的马略尔卡岛之行中,化了妆,带着玩具熊,为了安全拒绝睡在旅馆为他准备的床单上。1982年的一份报告说,"据判断,他患了严重的性格变态……在沉重的压力下,当他判断失误时,他常会有荒诞怪异的

行为"。还有的报告说,他在过去几年内服用了过多的安眠药,早晨再吃别的药让自己清醒过来;而据另一份报告说,他的抑郁症很严重,以致在阿齐齐亚兵营的走廊里游荡徘徊,"语无伦次地喃喃自语","含糊不清地自言自语"。

　　以色列人则想从生理角度解读卡扎菲那些异于常人的思维和行动。他们说,卡扎菲患了痔疮和癫痫病。埃及前总统萨达特也曾十分关心卡扎菲的心理状态。在卡扎菲对开罗进行正式访问、抱怨眼睛疼时,萨达特劝卡扎菲进行一次大脑透视,但被卡扎菲拒绝。

　　有关卡扎菲经常微服私访、亲自检查政府官员工作的故事颇多。1971年,他到一些政府机关突访,发现许多机关职员在办公室里喝咖啡聊天,这引起他的极大不满。为了使他们把主要精力都能集中到工作上,他第二天就派军用卡车开进政府办公大楼,拉走了办公室里的大部分家具。还有一次他乔装成平民,和医生说他的父亲得了重病,着急下班的医生给了他两片阿司匹林了事,大发雷霆的卡扎菲立刻下令将这个草菅人命的医生驱逐出境。

　　关于卡扎菲与自己的第二任妻子的邂逅更是众说纷纭,其中最传奇的说法是:他之所以娶了第二个妻子,是因为这个女人是刺杀他的凶手,在1970年的大阿拉伯利比亚人民社会主义民众国建国一周年的庆典上,卡扎菲正在检阅台上高高兴兴地阅兵,这时候一个负责急救的女护士悄悄地走上了检阅台,并且很快地接近了卡扎菲,趁他不注意,突然打开急救箱拿起里面的手枪就对准了卡扎菲的头。就在她准备扣动扳机的一刹那,卡扎菲也正好一扭头,看见了她。当时28岁的卡扎菲望着黑洞洞的枪口和枪口前这位年轻的女子不知所措,而睁大眼睛看着帅气的卡扎菲的这个女护士一时间竟然忘记了自己是前来行刺的枪手,竟然慢慢地放下了手里的枪。这时卡扎菲笑了,他正打算迎上前去,身边刚反应过来的警卫扑上前去就制服了这位女刺客。卡扎菲命令警卫退下,然后得知这位女子叫萨菲亚,一个礼拜后,卡扎菲和萨菲亚举行了婚礼,后来萨菲亚为丈夫训练出个个身手不凡的女子军。

这听起来不可思议,的确,真相其实是这样的:1969年卡扎菲正在外地视察,突然一股强烈的不适感让他不得不停下工作去当地的医院检查,值班医生说他只是普通的感冒,可在一旁的女护士否认了医生,坚持说是阑尾炎,这个女护士就是萨菲亚。后来的检查证明萨菲亚是正确的,这次巧遇就成全了卡扎菲和萨菲亚的姻缘。

奢华生活

当人们笃信卡扎菲是一个生活简朴的人后,另一种反对声音则认为他生活奢华,并同样拿出了证据。

2011年8月,当利比亚起义的人民攻入首都后,卡扎菲家人在的黎波里的一些住所被反对派控制,被曝光的多处豪宅也显示了卡扎菲一家曾经拥有的奢华生活。

27岁夺取政权时的卡扎菲,衣着朴素,自言只喜欢住帐篷,对金银珠宝视如粪土。但是,随着统治时间日深,他越来越深居简出,利比亚的老百姓甚至不清楚他到底住在哪里。

如今,利比亚反对派取得胜利,利比亚人终于有机会一睹卡扎菲住所的"芳容",并且无不被其中的奢华所震撼。

卡扎菲给人的印象是非常喜欢住帐篷,他甚至在帐篷里接待来访的外国元首。从之前媒体报道的照片中,帐篷里的布置虽然看起来金碧辉煌,但是几乎没有太多的家具陈设,总体而言相对简约。

但反对派占据卡扎菲的家族别墅之后，卡扎菲喜欢住帐篷的说法却显得有点不那么真实——卡扎菲一家人都喜欢意大利名贵家具和高级羊毛地毯。这些东西在每座别墅里是"必备的"。

度假城内设潜水中心、网球场、游泳池、足球场、餐厅和医院。卡扎菲子女每人都有一座独立别墅，有些别墅还有专设的健身馆和游泳池，海边拴着一排摩托艇。卡扎菲的卧室十分宽大，各种家具很考究。地毯来自法国皮尔·卡丹公司，沙发由英国巴宝莉公司制造，床是意大利的名品。但卡扎菲大部分时间待在阿齐齐亚兵营。

虽然大多数反对派士兵都来自贫穷的地区，但是他们似乎并没有被这里的财富所诱惑。此前，反对派在首都的黎波里阿齐齐亚兵营里也发现了卡扎菲奢华生活的足迹。除了设施豪华的居所之外，还有巨大的健身房、高尔夫球场和直升机停机坪等。

卡扎菲直接控制着利比亚中央银行的140多吨黄金储备，折合成现金将近80亿美元。

家庭成员

长子穆罕默德·卡扎菲（Muhammad al-Gaddafi）是唯一由第一任妻子所生的卡扎菲子女，其余7个子女都是第二任妻子所生。他掌控利比亚电信和邮电等行业，任职利比亚邮电总公司主席及利比亚奥林匹克委员会，还在利比亚的一家饮料公司中拥有40%的股份。

次子赛义夫·伊斯拉姆·卡扎菲是卡扎菲和第二任妻子所生，能说流利的英语、德语和法语，2008年在伦敦政治经济学院取得博士学位。他推动了利比亚经济改革，并在利比亚弃核进程与洛克比空难赔偿上发挥了关键作用，是一个能影响其父决策的人。名义上只是卡扎菲慈善基金会主席，但实际上是利比亚仅次于其父的第二号人物，并被视为下任接班人。他透过自己"One-Nine Group"的一家附属公司涉足利比亚的石油业。2011年6月，国

【参谋谈军事】
这个时代的重大问题不是演说和决议所能解决的，这些问题只有铁和血才能解决。

际刑事法院以"涉嫌反人类罪"为由，对赛义夫·伊斯兰签发了逮捕令。8月23日，在传出其被捕消息后，他"现身"辟谣。10月20日，过渡委执行委员会主席贾布里勒说，过渡委武装人员在苏尔特附近一座村庄发现赛义夫·伊斯兰的车队并交火将其抓获。

三子萨阿迪·卡扎菲（Al-Saadi al-Gaddafi）是利比亚的运动选手，曾是国家足球队队员，参与过意大利足球甲级联赛。主管体育和对外交流工作，任利比亚足球协会主席和阿勒利足球俱乐部的名誉主席，也是利比亚主权基金对外投资公司的老板。曾加入了家族内涉及可口可乐特许经销权利益的斗争。2011年9月11日，萨阿迪入境尼日尔避难。尼日尔拒绝遣返萨阿迪。

四子汉尼拔·穆阿迈尔·卡扎菲（Hannibal Muammar al-Gaddafi），1975年出生，2008年获伦敦经济学院博士学位，曾因在瑞士访问期间殴打随从而被瑞士警方逮捕，此事导致利比亚与瑞士之间的外交冲突。2011年8月29日，汉尼拔随母亲进入阿尔及利亚。

五子莫塔西姆·比拉·卡扎菲（Al-Mu'tasim-Billah al-Gaddafi）担任利比亚国家安全顾问，是卡扎菲子女中唯一公开拥有政府官职的人。维基解密披露他曾在2008年向国家石油公司主席敲诈12亿美元以成立自己的私人军队。10月20日当天，在利比亚反对派攻陷苏尔特的战事中，莫塔西姆被利比亚反对派击毙。

六子赛义夫·阿拉伯·卡扎菲（Saif al-Arab al-Gaddafi），常年居住在德国慕尼黑，外界对他了解不多。

七子哈米斯·卡扎菲（Khamis al-Gaddafi）是位武官，曾在俄罗斯受过培训，统率其父最信任的嫡系特种兵部队哈米斯旅。在利比亚局势动荡之前，哈米斯一直在读书。在利比亚爆发内战以来，卡扎菲"最神秘的儿子"

哈米斯一直在指挥作战,被认为是最具"军事实力"的一个。2011年8月4日,于兹利坦进行的彻夜空袭中,北约飞机炸死了27岁的哈米斯。8月9日,利比亚政府播放录像证明哈米斯仍然在世。叙利亚亲卡扎菲媒体确认,8月29日哈米斯在与反对派交战中被打死。

女儿艾莎·卡扎菲(Ayesha al-Gaddafi)在利比亚的大学获得法学博士学位,当过法学教授和律师,主要帮其父管理酒店业,也与能源及建设领域较密切。于2006年嫁给跟其父有血缘关系之同一部族出身的特种部队军官。性格与卡扎菲相似,因长相俊俏和身材惹火,被称为"利比亚第一公主"。2009年,她被任命为联合国发展计划署驻利比亚亲善大使。2011年2月,利比亚爆发内乱,联合国收回任命。8月29日,她随母亲进入阿尔及利亚避难。

非洲政策

"卡扎菲对待非洲非常慷慨,到利比亚来的非洲穷国,他都不会让他们空手而归。"刚果一家报纸就曾讥讽出席非盟峰会的卡扎菲:"利比亚圣诞老人又来撒钱了。"

2000年非洲统一组织首脑会议在多哥首都洛美召开,为了给"非洲合众国"造势,也是想用事实向人们证明,他修建穿越撒哈拉大沙漠高速公路的主张是可行的,卡扎菲率领由200多辆国内汽车组成的庞大政府代表团,首尾长达几公里,白天驱车赶路,夜宿临时搭的帐篷,浩浩荡荡地穿越撒哈拉大沙漠,前往多哥首都洛美。然而,庞大的车队却愁坏了多哥的会议组织者。2002年,模仿欧盟成立的非洲联盟取代了成立35年之久的非洲统一组织。

卡扎菲的非洲政策似乎是奏效的,连曼德拉也曾公开表示:"穆阿迈尔·卡扎菲是我们这个时代的革命偶像之一。"而利比亚陷入危机之后,非洲54个国家，有40多个表态不承认反对派，"这证明他在非洲国家还是有影响力的"。

2001年"9·11"之后，也许是意识到美国对伊斯兰世界的打击将威胁到自己的统治，卡扎菲一反常态，强烈谴责恐怖活动，成为

【军校语录】

慧于言者不为慧，慧于行者方为慧。智慧表现在下一次该怎么做，美德则表现在行为本身。

当时最早谴责恐怖主义的阿拉伯国家领导之一。以此为契机，利比亚与西方的关系有所改善。2003年，利比亚与美英达成对"洛克比空难"的赔偿协议。

九月革命

1969年9月1日早晨6点，是班加西广播电台早祷的时间。像往常一样，很多人打开收音机，听着里面报祷人吟唱的《古兰经》。突然，广播中断了，接着是一曲军乐打破了死一样的沉寂，"伟大的利比亚人民啊，奉救苦救难、大慈大悲的真主之命，向你们宣布：为了履行你们自由的意志，为了实现你们可贵的意愿，为了真正响应你们再三发出的要求变革、渴望纯净、力促行动与先发制人、亟待革命和进攻的呼吁，你们的武装力量已经摧毁了反动、落后、衰败的政权……"

很多人都被收音机里传出的声音惊住了，包括正在苏尔特沙漠一座帐篷里的老夫妻阿布·迈尼亚尔·卡扎菲和艾莎，他们俩面面相觑，瞠目结舌：虽然在广播里讲话的人并没有宣布自己的名字和身份，但他们还是从断断续续却又非常熟悉的声音听出来，在广播电台里宣布推翻伊德里斯国王的人，正是他们的小儿子穆阿迈尔·卡扎菲。

实际上，直到一星期之后，外界才知道，这场政变的发动者正是只有27岁、默默无闻的信号兵中尉卡扎菲。其实卡扎菲走到政坛中央极具戏剧色彩，那个据说预谋了10年之久的军事政变，从头到尾混乱无序、阴差阳错。政变成功后，在一次电视谈话中，卡扎菲和自己的同伴们眉飞色舞地回忆起那天的诸多细节，听起来就像一场闹剧。

1969年8月31日深夜，卡扎菲与青年军官们按照计划采取行动。卡扎菲命令他的重要助手奥马尔·米海什乘傍晚的飞机前往首都的黎波里组织军营的接管工作。当米海什到达班加西机场时，发现飞机已满员。幸亏一个机场官员是他的朋友，总算走了后门上了飞机。到了的黎波里机场，他拦了一辆出租车驶向军营，下车时居然糊里糊涂地把武器和子弹丢在了车上。

在班加西，按照计划，卡扎菲和两个上尉要在凌晨1点接管贝卡军营和电台。他们正要出发时，先是来了两个宪兵，让他们帮忙修摩托车，卡扎菲推托明天再去；好不容易把这两个宪兵打发走，另一个同谋者却惊慌失措地跑过来，说他们已经暴露。

卡扎菲还是决定，"必须不惜一切代价勇敢地对付这个局面"。他把子弹和轻机枪塞满吉普车，一马当先地率领军队去占领班加西电台。当他走到半程回眸一望，却惊讶地发现，在前往班加西的路上，竟然只有他一个光杆司令。原来，在前一个岔路口，他的随行车队朝着贝卡军营方向开去了。卡扎菲于是独自一人行驶在去班加西的路上，"沿途没有灯，什么都没有"。

更为可笑的是，负责占领的黎波里国家广播电台的军官开车绕城一周，竟然没有找到电台，只好慌慌张张地原路返回。负责接管的黎波里城外防空部队的贾卢德和霍尼，指挥着600名士兵，到行动时才发现只有1050发子弹可供使用，好在一路没有遇到任何抵抗。就是这样一场仓促上阵、漏洞百出的军事政变居然获得了成功。政变发生时，留守国内的王储兼首相哈桑·里达王子则在王宫中喝得酩酊大醉。他听到枪声立即从宫中逃出，藏到游泳池里，次日被捕。这几乎是一场不流血的政变，革命军仅在突袭班加西的王室卫队时发生了小的冲突，1人被打死，15人受伤。

卡扎菲带人进入班加西广播电台大楼后，直接进到值班广播员室，要求广播员播送军乐曲。广播员惊恐不安,放了歌曲却不是进行曲。当卡扎菲要他为革命的第一篇声明录音时,广播员的语调显然惊慌失措。最终不得不由卡扎菲亲自读第一篇声明——实际上,这是卡扎菲仓促之中准备的,他在一张纸上潦草地写下几个要点,其余是广播时临时加上去的。

反人类罪

北京时间2011年6月27日7时30分,位于荷兰海牙的国际刑事法院(ICC)宣布,正式对利比亚领导人卡扎菲发出国际逮捕令。这是国际刑事法院历史上第二次对一个国家的在任国家元首发布逮捕令。国际刑事法院逮捕令一经发出,终身有效,永不撤销。2009年3月,国际刑事法院发出对苏丹总统巴希尔的逮捕令,这是第一个针对主权国家在任总统发出的逮捕令。

2011年5月15日,国际刑事法院检察官办公室表示,经调查,已掌握足够的证据起诉卡扎菲,包括谋杀罪、迫害罪、反人道主义罪等。国际刑事法院总检察官奥坎波16日随即向国际刑事法院法官提出通缉卡扎菲等3名利比亚高官的请求。这3人除卡扎菲(69岁)外,还有曾被认为是卡扎菲接班人的其儿子赛义夫·伊斯拉姆·卡扎菲(39岁),以及利比亚情报部门最

高负责人阿卜杜拉·阿尔·塞努希（62岁）。

一个多月时间内，由3名法官组成的小组对检方提交的证据和材料进行了分析。2011年6月27日，国际刑事法院宣布向卡扎菲等3人正式发布国际通缉令。国际刑事法院指，卡扎菲从今年2月中旬开始，对其反对者犯下"反人类罪"。

从目前的情况来看，卡扎菲不会离开利比亚，因此国际刑事法院将要求利比亚人把卡扎菲押送国际刑事法院。

2011年8月29日，阿尔及利亚外交部发布新闻公报，宣布利比亚领导人卡扎菲的夫人萨菲亚、女儿艾莎、两个儿子汉尼拔和穆罕默德，以及他们的孩子，于当地时间29日8时45分(北京时间15时45分)经由两国边界进入阿尔及利亚境内。

早期的卡扎菲是纳赛尔的狂热崇拜者，卡扎菲本人也毫不掩饰这一点。

无论是他在"九月革命"提出的目标，还是在"九月革命"的演讲中，都很明显地模仿纳赛尔20年前在埃及发动的革命。

他反复熟读的纳赛尔的《革命哲学》里有这样一段话："历史篇章中充满着英雄人物，他们在关键时刻为自己创造了扮演光荣战士角色的时势。同时历史篇章也充满了英勇和光荣的角色，而从来没有找到英雄人物来扮演他们。基于某种理由，在我看来，阿拉伯世界里有一个角色正在无目的地四处找寻一位英雄。"

对这句话着迷不已的卡扎菲，显然将自己视为阿拉伯世界正苦苦寻找的那位英雄。比起纳赛尔渐进式的革命，卡扎菲采取的是更激烈、更粗暴的方式。

上台伊始，卡扎菲便向纳赛尔表示，要用战争方式解决掉以色列。纳赛尔解释说，国际形势不允许这样做，不管是苏联还是美国都不允许可能出现导致核战争的情形。卡扎菲听后马上问："以色列有核弹吗？"纳赛尔回答说，有很大可能。他又问："我们有核弹吗？"纳赛尔说："不，我们没有。"

1970年9月28日，纳赛尔突发心脏病去世。纳赛尔在世时，是"能对卡扎菲进行约束并引导他通过阿拉伯政治这一充满危险的布雷区"的唯一领导人。而卡扎菲在纳赛尔死后，更将自己视为"阿拉伯新一代"的代表人物，他要填补纳赛尔的空白，扩大阿拉伯大家庭的联盟，最终战胜以色列。

他有一次在国会大会上自大地宣称："普鲁士人统一了德意志，皮埃蒙特统一了意大利，我觉得，我们这个小小的共和国也将扮演这样的角色，统一整个阿拉伯民族。"

1971年4月，在卡扎菲的努力下，他与埃及总统萨达特、叙利亚总统阿萨德，在的黎波里宣告"阿拉伯联邦共和国"成立。可是墨迹未干，这个大家庭内部就出现严重分歧。

各持自己算盘的三方，根本没有"联邦"的任何物质及思想基础。纳赛尔的继任者萨达特对卡扎菲的态度并没有那么友好。他和卡扎菲的关系很快就从冷淡变成了厌恶，最后变成了敌视。萨达特怀疑卡扎菲有严重的毛病，和别人不一样。

为了强迫这场"联姻"，1973年9月卡扎菲竟然组织了2万利比亚人跋涉1500英里，向开罗进发。

这支长达7公里的队伍看起来非常滑稽，他们挥舞着旗子，喊着口号，强烈要求利比亚与埃及合并。

卡扎菲相信，到了埃及后，那里也一定有大批要求统一的民众加入进来。可是事情并不如他所料。

萨达特警告利比亚人必须在距开罗以西250英里的马特鲁停止前进，不仅如此，埃及政府用火车车厢封锁了主要通道，2万利比亚人只能滞留边境。虽然有石油资源相诱惑，卡扎菲与埃及联姻的想法被证明是一厢情愿。

卡扎菲异想天开式的革命热情，常常令他的阿拉伯兄弟也吃不消。1972年12月22日，卡扎菲在突尼斯的一个群众大会发表讲话，号召和利比亚统一。

正在家里收听卡扎菲讲话实况广播的突尼斯总统布尔吉巴大吃一

惊，赶紧赶到现场，匆忙抢过话筒说卡扎菲关于统一的观点脱离实际。他还很不给面子地直言道：阿拉伯人从来未曾联合为一个整体，而且不希望在这个问题上听一位连自己内部团结都搞不好的落后国家领导人的说教。

为了使自己更符合"阿拉伯英雄"的角色，卡扎菲也不惜一切代价。他曾每年给埃及提供1.25亿美元，给叙利亚4500万美元，给巴勒斯坦游击运动2500万美元；他还拿出钱来给马里、乍得、乌干达和尼日尔这些非洲国家，让他

们与以色列断绝关系。

卡扎菲最喜欢的事业，是阿拉伯人与以色列对抗——对于卡扎菲狂热的态度，西方媒体尖酸地讥讽道：利比亚"离前线很远，而主战却又最激烈"。

阿拉伯民族主义给了卡扎菲一种虚幻的想法：他有权干涉阿拉伯世界的任何地方。所以无论是摩洛哥还是约旦发生内部问题时，卡扎菲都颇惹人嫌地迫不及待地表态。这也使得他在阿拉伯世界渐渐成了不受欢迎的人物。一向不太喜欢卡扎菲的阿拉法特，将他称为"革命词句的骑士"。

阿拉法特的传记作者艾伦·哈特说，阿拉法特为数不多的消遣之一，就是讲嘲弄卡扎菲的笑话。

对于卡扎菲在阿拉伯世界的角色，以色列一名军事情报机关的前首脑评价得最为有趣："在他所有的企图统一阿拉伯世界的疯狂尝试中，还有谁像卡扎菲这样造成了阿拉伯世界这么严重的分裂呢？他在战略上是一个威胁，但在战术上或许是一个宝贝，一个为我们在阿拉伯世界中制造

分裂的代理人。"对一心想摧毁以色列的卡扎菲来说,这个评论实在是太过讽刺了。

首上联大

2009年9月23日,首次在联合国亮相的利比亚领导人卡扎菲,在联大一般性辩论上发表演讲。

卡扎菲在演讲中表示,安全理事会应该改名为恐怖理事会。他要求安理会进行全面改革,取消5个常任理事国的否决权,增加常任理事国数量,尤其是增补非洲国家的代表。卡扎菲还说自从联合国1945年成立以来,世界上发生了65次战争,联合国根本没有能力阻止这些战争的爆发。

卡扎菲当天的发言就排在美国总统奥巴马之后,但是奥巴马和希拉里等高级政府官员在演讲之后立刻离开会议大厅,避免听到卡扎菲的演讲。

虽然联大给每个国家领导人的时间是15分钟,但是卡扎菲的演讲时长1小时36分钟,由于接近午餐时间,大会堂中有将近一半的代表都中途离场。

古巴领导人卡斯特罗1960年曾在联大发表演讲4个半小时,是联大一般性辩论历史上最长的演讲。

卡扎菲在抵达纽约之后,按照习惯在纽约以外的一块出租庄园中临时搭建的帐篷里过夜。卡扎菲此前曾希望在纽约中央公园搭建帐篷,但是遭到居民强烈抗议而作罢。

被逼下台

2011年5月27日,八国领导

人在峰会后发表联合声明，指出："卡扎菲和利比亚政府已不能继续履行保护利比亚人民的责任，并失去所有合法权利，他在一个自由和民主的利比亚没有前途，他必须下台。"利比亚民众今年早些时候举行反政府示威，联合国在2011年3月份通过保护利比亚平民议案，北约部队开始干预利比亚，进行持续空袭。

值得关注的是，俄罗斯一直批评北约对利比亚的军事行动，但报道指出，俄总统梅德韦杰夫也同意卡扎菲已失去领导利比亚的合法权利。法国总统萨科齐表示，联合声明的措辞收紧了，得到俄罗斯的完全支持。

据香港《文汇报》报道，俄罗斯方面表示，外长拉夫罗夫前日与利比亚总理通电话，利方希望俄方协助调停，并开始磋商停火条件。据悉，英美法在G8峰会上也促请俄罗斯进行调停。

在峰会后的记者会上，俄总统梅德韦杰夫表示将调停利比亚局势，包括派高级非洲特使前往班加西，与反对派接触。他还强硬警告卡扎菲，称国际社会已不再视他为利比亚领袖，促请其下台，但表示拒绝让他流亡俄罗斯。此外，法国总统萨科齐称，北约计划加强军事行动。意大利总理贝卢斯科尼表示，G8领袖普遍认为卡扎菲政权正逐渐崩溃。俄副外长里亚布科夫表示，卡扎菲已失去在位理由，应该下台，而且G8国对此意见一致。

英国首相卡梅伦26日表示，现在是时候加大对卡扎菲政权的压力，他说英国会在随后的行动中动用阿帕奇武装直升机。

英国的一名官员给予了证实。

政治路线

1942年6月，卡扎菲生于地中海沿岸城市锡尔特的游牧民族贝都因人家庭，在大学时代放弃地理课程从戎，在1969年的军事政变中推翻国王伊德里斯掌权，并在20世纪70年代推动他的"第三世界理论"，在共产主义和资本主义之间走中间路线。

卡扎菲掌权后的首要任务是组建军队，但他也从石油收入中拿出数十亿美元改善人们的生活水平，赢得穷人好评。他因被指与恐怖主义和革命运动有关而遭西方排斥。1979年12月，首都的黎波里爆发反美暴动，1988年利比亚特工炸毁泛美航空客机致270人遇难后，他与西方关系跌至谷底。1993年，为摆脱孤立，卡扎菲转身盛赞时任美国总统克林顿为"新世界的救星"，随后宣告放弃研制大规模杀伤武器，并同意赔偿泛美空难死者家属。2004年9月，时任美国总统的小布什正式终止对利比亚的贸易禁运。2006年，美国和利比亚复交。2001年"9·11"之后，也许是意识到美国对伊斯兰世界的打击将威胁到自己的统治，卡扎菲一反常态，强烈谴责恐怖活动，成为当时最早谴责恐怖主义的阿拉伯国家领导之一。以此为契机，利比亚与西方的关系有所改善。

可是卡扎菲一边与国际社会修好，一边又想让利比亚国民和中东、非洲的盟友们觉得他没有"服软"。2004年，卡扎菲在他的帐篷中会见了前来做破冰之旅的英国首相布莱尔，两人席地而坐，卡扎菲在众目睽睽之下将光着的脚伸到布莱尔面前，然后放了一个响屁，令布莱尔非常尴尬。有人评价说，卡扎菲像一个陈年古董，外面世界已经发生了巨大变化，他还在采用这些拙劣的表演继续自欺欺人。

卡扎菲可用的军队名义上只有1万多人，利比亚军队拥有10万兵力、

2000多辆坦克、374架飞机和拥有两艘巡逻潜艇的海军。但卡扎菲实际可调遣的部队数量又是另外一回事。据信，在本次骚乱之前，虽然西方大国再次开始向利比亚出售武器，但其军队的实力依然因制裁被严重削弱。据信，大部分设备保养很差，甚至不能使用，因此其真正的数量难以估计。

分析家说，卡扎菲试图削弱正规军的力量，以避免指挥官崛起，对其家族构成威胁。相反，他特别依赖3支忠诚的"政权保护"部队，这些部队主要由本部落的人组成。

按大部分人估计，卡扎菲可用的忠心耿耿的利比亚军队在1万到1.2万人之间。据信，最可信赖的部队是卡扎菲儿子指挥的第32旅。

来自目击者、人权组织和其他人的多次报道称，卡扎菲动用非洲雇佣军帮助巩固他的政府。利比亚两艘尚存的F级柴油动力潜艇是苏联在上世纪80年代末提供的，但外界专家一直对其可靠性表示怀疑。据IHS简氏信息集团报道，2003年，其中一艘停在了干船坞中，另一艘虽还在海上航行，但也不可能充分投入使用。它认为有可能两艘都已被弃用。分析家估计，利比亚的快速喷气机有许多事实上都不再适宜飞行。

政治制度

革命领导人是最高领袖，利比亚1969年12月曾颁布临时宪法。1973年，卡扎菲发动"文化革命"，宣布停止执行一切现行法律。1977年3月发表的《人民权力宣言》规定：《古兰经》为利的社会法典；人民直接行使权力是民众国政治制度的基础；保卫国家是每个公民的职责。宣称利比亚

【军校语录】

　　要想成为一个成功者,必须精通做人做事的谋略,但大多数人苦于不得其智慧之法。很多人有一种误解,以道听途说为知识,以引据经典为学问,以使巧弄诈为智慧。事实上,这些于人生并无补益,要追求大成功就要有大智慧。

信奉自由、社会主义和阿拉伯统一等原则。革命领导人是全国的最高政治领袖和精神领袖。这个宣言还宣布利比亚进入"人民直接掌握政权的民众时代",取消各级政府,代之以各级人民大会和人民委员会,同时在全国范围内普遍建立各级革命委员会组织。利比亚实行单一元首制,称"全国政府主席",由革命领导人提名或兼任。现任国家元首为卡扎菲。实际上全国政府主席仅仅是名义上的国家元首,利比亚国家的实权掌握在最高革命领导人和军队手中。现任革命领导人还是卡扎菲(自称"九·一革命领导人")。全国最高军官为"三军上校",三军上校主持总防御委员会。现任上校为卡扎菲。

生活教育

　　据当地人介绍,近两三年来,的黎波里大搞市政建设,城市面貌有了翻天覆地的变化。如今,到访者可以看到现代化的公路四通八达,濒临地中海的海滨大道上车流不息,却不显拥堵。

　　利比亚领导人卡扎菲自1969年上台以来,与西方国家交恶数十载。但不管是他的支持者还是反对者,都不得不承认,卡扎菲成功领导了这个拥有600万人口的国家在非洲率先摆脱贫困。

　　凭借石油、天然气资源带来的丰厚收入,利比亚人民的生活水平近年来有了很大提高。在利比亚,全民享有免费医疗和教育,国家对粮食等生活必需品实行价格补贴。很多居民都住上了新盖的楼房和砖房,大多数家庭都有小汽车。

　　随着人口的不断增长,住房问题在利比亚日显突出。利比亚当前正在积极改善百姓的住房条件,在首都的黎波里和全国第二大城市班加西,正在建设数万套安居住宅。这些住宅作为保障性住房由政府出资建设,成立家庭的利比亚人均可以向政府申请住房，并以十分低廉甚至是象征性的价格获得。

沙漠取水

通信方面，在利比亚使用固定电话进行国内通话是免费的，手机话费价格也非常低廉，目前利比亚手机覆盖率为103%。也就是说，利比亚目前使用的手机号数量已经超过了其人口总数。

如今的利比亚，很多人都在反对卡扎菲，认为除了绑架、折磨、杀害不同政见者外，他逾40年的统治还浪费了本国大量的石油财富，并使利比亚成为支持恐怖主义的国家。但正像很多独裁者那样，卡扎菲的狂妄自大使他成为一个非常复杂的人物。他把国家看成自身力量的扩展，因此把自身对荣耀的追求和开发建设利比亚两者统一了起来，而且可不是空洞地摆摆姿态而已。在执掌利比亚政权的40多年间，卡扎菲成功完成一个令人难以置信的基础设施项目：在撒哈拉沙漠广袤的沙子下面铺设巨大的管道，将古老的淡水湖的水引进利比亚，使利比亚变成名副其实的"伊甸园"成为可能。

这一切不禁让人想起科幻小说《沙丘》中的情节，小说作者弗兰克虚构出一个沙漠星球，其地下铺设了广阔的管道网络用来收集和储存淡水。不用问，这个想法太奇妙了。卡扎菲称赞自己这个宏伟的大人工河项目是"世界第八大奇迹"，并强调它是真真切切存在着的。这一次他说的话真可能是名副其实。

前寒武纪末期，距今大约600万年，当时地球被温暖的浅海覆盖，仅存的旱地是围绕在南极附近形成的一个超级大陆罗迪尼亚。随着海水的退却，陆地不断露出，最终形成如今的撒哈拉。在古老的前寒武纪土层顶部沉积了海量的沙子、泥还有粘土浆，经过数百万年的演变，这些沉积物逐渐压缩成名为努比

> **【参谋谈军事】**
>
> 为将者的首要条件是"勇气"。没有勇气，其他条件都没有多大价值，因为没有勇气，其他条件都无法发挥作用。第二是"智慧"，要聪明过人和随机应变。第三是"健康"。

亚砂岩(因发现地而得名)的地质层。

这种多孔渗水的努比亚砂岩在非洲东北部延伸开来,厚度从500米到3000米不等,就像海绵一样,这一过程开始于5万年前。那时的撒哈拉还是一片茂盛的草地,时常经受着来自远古风暴系统的雨水猛烈的灌溉。很多雨水落下渗进了努比亚砂岩中,形成一个巨大的含水层,面积达到惊人的200万平方千米,厚度从140米到230米不等。

这一地下淡水海就隐藏在如今的埃及、利比亚、乍得及苏丹的沙漠下面,是当今世界上同类水源中面积最大的。它蕴含了大约15万至37.5万立方千米的"化石"水源,更重要的是,这些水源适合人类使用(不是所有水源都能被成功利用)。

比较一下,上述的这一淡水海是北美五大湖淡水总含量(约22560立方千米)的6～16倍,而世界上最大的淡水湖——俄罗斯西伯利亚地区的贝加尔湖,总量也只有23615立方千米。

事实上,努比亚砂岩含水层的淡水量比地球表面所有淡水湖、河的总量还要多,后者约为12.5万立方千米。只有极地冰盖和冰川超过了利比亚的努比亚砂岩含水层的含量,大概多出3.5万立方千米。

这一惊人的自然宝库于1953年首次被地理学家发现,不过当时的目标是为了寻找石油。

随着进一步的科研考察,工程师们开始考虑如何开发这一自然宝库来让非洲北部的民众受益。在20世纪50年代中期,埃及水文学家和土木工程师们首先开始行动,他们实施了"新河谷"工程,即从努比亚砂岩含水层埃及一侧取水,灌溉哈里杰绿洲和达克拉绿洲周边的农场。

不过该项目规模过小,并因为距离太远而导致埃及城市人口无法从中受益。不仅如此,

得到埃及强人纳塞尔上校支持的这一计划，却反映出他的苏联顾问们的固执想法，其中就有他们对建设大水坝的热衷，最著名的当属从1960年至1970年建造的阿斯旺大坝。

埃及的邻居利比亚对大人工河的研究开发始于20世纪60年代后期。1969年9月，年纪轻轻但雄心勃勃的卡扎菲上校发动了针对伊德里斯国王的军事政变，此后相关研究进度明显加快。和纳塞尔对大工程的喜好相似，卡扎菲同样非常享受利比亚不断增长的石油出口带来的莫大好处，该国石油出口量从1965年的每天120万桶，增长到1970年的每天330万桶，等到1973年卡扎菲把石油工业国有化后，石油出口量更是进一步上涨。

同时，利比亚国内人口也从1960年的135万，增加到1980年的超过300万，到2011年更达到了目前的650万。由于他的鲁莽外交政策招致外国对利比亚的国际贸易实行禁运，卡扎菲决心保证本国的食品、饮用水自给自足，以确保他的统治地位，在这当中"大人工河"项目在卡扎菲的长期规划中占据着中心地位。

1983年，卡扎菲控制下的徒具形式的议会通过了关于大人工河项目的最终方案，按照此方案，50年时间里要建造长2485英里的混凝土管道，组成一个巨大的水道系统，从1300口水井中将淡水引到北方400英里以外的地中海沿岸城市。

在随后50年里，工程分为5个阶段，总造价接近250亿美元——所有费用都由利比亚政府承担，不需要国外援助。1984年"大人工河"项目正式启动，至今已经完成前3个阶段的施工。1989年至1991年，大约1500英里长的管道将淡水引向了3个巨大的水库，1996年将淡水引到了的黎波里，2007年则到达盖尔扬的东北部城镇。

目前该工程每天可运输大约650万立方米的水用于农业及人类消耗，

折合起来,每人每年可消耗2.37立方千米的淡水。如果这种消耗速度维持不变,利比亚的含水层理论上可以供应这种"化石"水长达1000年。

尽管目前利比亚国内的紧张局势有可能威胁该工程的进展,但"大人工河"项目的最后两阶段还是会按计划在今后的20年内完成,连接之前已铺设好的各个子系统以及剩余城市,整个系统建成后能为382850英亩农田提供灌溉水源,这将使卡扎菲许下的将沙漠变绿洲的宏伟誓言变为现实。

桑赫斯特小百科

　　1978年10月27日,英国伊丽莎白女王在向桑赫斯特皇家陆军学院授旗仪式上的讲话中指出:"桑赫斯特在第一次世界大战时期培养出那么多军官,为我们的国家作出了杰出的贡献。从那时起,这种传统一直坚持下来了。今日这所皇家军事学院仍将继续为世界上最好的军队——我们的职业化军队输送军官。现在我把这面皇室徽旗托付给桑赫斯特皇家军事学院的皇家徽旗护卫队。我坚信,他们以及他们的接班人将永远高举着它,向人们证明他们是从这所具有辉煌历史的军事学院走出的最好的军人。"

后　记

　　本丛书是根据世界著名大学文化教育长期思考研究编辑而成，它代表着我的一份独立思考，更代表着我的一份紧张和不安。

　　我知道书是写给别人看的，且不说怎样去影响别人、打动别人，起码得让人饶有兴致地读下去吧。我试图从新的视角，新的写作方式，尽可能全面准确地把握写作主题，让读者从世界著名的 20 所高等学府中获取知识，从而提高自身的文化素质，学习思考问题和学术研究的新方法。在文化交流中，读者能够从本丛书中了解到世界著名大学的文化教育思想，同时可以学习借鉴这些大学教育经验的有效做法和成功经验。我知道，想到了未必能做到，更未必能做得好。这是个大问题，就算不能够起到抛砖引玉的效果、但是在编写过程中我还是做了大胆的尝试，希望读者们可以在阅读的过程中有所收获，有所启发。

　　本着这样的想法和初衷，经过长期的准备和编写，书稿业已完成。大学是人才荟萃、知识丰富和精神自由的地方，在大学里，每个大学生的人生都会因为环境而发生重大的转折和改变，这也是人生获取能量、积累资源最重要的时期。因此，大学生在校期间应该兼收并蓄，广泛寻求与老师、同学、校友之间的互动交流机会，从而既可获得一面立体的"镜子"，清晰地认清自己，又能获得各类精神营养的滋润，让自己拥有领袖的气质。

　　大学是未来领袖的摇篮，是天才的渊薮，也是一个人在走向社会之前的自我磨练的地方。在这样一个思想极度开放自由的地方，作为大学生必然会遇到各种各样的问题。在这套丛书中，我们不仅介绍各所世界名校的

发展历程、研究成果,同时我们还介绍了这些高等学府的知名校友,青少年在阅读时会从那些名人的生平事迹中有所感悟,从而影响青少年读者的人生价值观。我始终认为大学教育是一个人在成才过程中必不可少的教育阶段,在这一时期,大学生们必须要有自我发展的意识,而"未来领袖摇篮"丛书正好符合了青少年在这方面的需求。

大学有着深厚的文化积淀,其功能是培养符合社会需要的人才。尽管大学中的教学活动都是围绕专业知识的传授和学习展开的,实际上,一批又一批的青年学子始终是在学校中各种"潜在课程"、"无形学院"的培养、熏陶和影响下成长的。学知识与学做人,始终是摆在大学生面前的两件同等重要的任务。大学教育的本质在于人的教育。

高等教育的最重要目标并不是为了培养出多少具有先进知识的人才,而是在于培养具有高等素质的复合型人才。换句话说,在学生的专业知识与人格得到全面发展的同时,大学作为培养"未来领袖的摇篮"肩负着责无旁贷的重任。